JAHRESGABE DER HEINRICH-VON-KLEIST-GESELLSCHAFT

1969/70

Johann Daniel Falks
Bearbeitung des Amphitryon-Stoffes

Ein Beitrag zur Kleistforschung

von

Helmut Sembdner

ERICH SCHMIDT VERLAG

Im Auftrag der Heinrich-von-Kleist-Gesellschaft
herausgegeben von Wieland Schmidt

ISBN 3 503 00597 8
© Erich Schmidt Verlag, Berlin 1971
Druck: Berliner Buchdruckerei Union GmbH., Berlin 61
Printed in Germany · Nachdruck verboten

INHALT

ZUM GELEIT

Johann Daniel Falk lebt im Gedächtnis der Menschen fort als Wegbereiter von Johann Hinrich Wichern. Als Wichern 1833 in Hamburg das Rauhe Haus ins Leben rief, rühmte er in einer gleichzeitig erschienenen Broschüre Falks Weimarer Einrichtung zur Erziehung verwaister und verwahrloster Jugendlicher als sein großes und ihn verpflichtendes Vorbild. Das dichterische Schaffen von Falk dagegen, das einst Goethe gelobt, Wieland überschwänglich gepriesen, Herder geachtet hatten, hat ihn nicht überdauert. Falk ist über den literarischen Betrieb seiner Zeit nicht hinausgewachsen, und in die Literaturgeschichten hat er bisher kaum Eingang gefunden.

Erst Sembdners nachspürender Aufsatz im Jahrbuch der Deutschen Schillergesellschaft 13 (1969) brachte einen Wandel und hat die Aufmerksamkeit auch wieder auf das literarische Schaffen von Falk gelenkt. Sembdner konnte nachweisen, daß Kleists ,Amphitryon' und Falks ,Amphitruon' — in dieser Namensform der Komödie des Plautus ,Amphitruo' nachgebildet — das Ergebnis gemeinsamen Werkstatt-Wettbewerbes sind. In diesem Wetteifer mußte der neun Jahre ältere Falk dem Genie des Jüngeren nachstehen. Der Kleistsche ,Amphitryon' ist zu einem Brennpunkt der Kleistforschung geworden und hat immer erneut zu Auseinandersetzungen geführt, seit ihn Thomas Mann 1928 ,wiedereroberte', sichtlich angeregt durch Stefan Zweigs 1926 erschienene Novellensammlung ,Verwirrung der Gefühle'. Um die tiefere Problematik von Kleists ,Lustspiel' zu deuten und zu erfassen, wird man andere Wege einschlagen müssen. Wohl aber kann der Falksche ,Amphitruon' manche Eigentümlichkeit und manche Besonderheit der Kleistschen Dichtung erhellen, die nun erst durch die Belege ihrer Herkunft verständlich werden. Da Kleists Schaffensprozeß oft im Dunkeln bleibt und viele Rätsel aufgibt, ist jede neue Quelle von höchstem Wert, die Erklärungen gestattet oder Vergleichsmöglichkeiten bietet. Die unmittelbare Nachbarschaft der Bearbeitung des gleichen Stoffes durch Falk und Kleist läßt den Falkschen ,Amphitruon' in einer neuen Bedeutung erscheinen.

Der Vorstand der Heinrich-von-Kleist-Gesellschaft glaubte daher, Helmut Sembdner bitten zu sollen, den Text von Falks ,Amphitruon' in einer Ausgabe wieder zugänglich und als Jahresgabe der Gesellschaft wissenschaftlichen

Forschungszwecken leicht erreichbar zu machen. Wir danken es Helmut Sembdner, daß er sich dieser Editionsaufgabe unterzogen und in dem der Ausgabe angefügten wissenschaftlichen Apparat weit über seine ersten Mitteilungen hinaus neue wichtige Hinweise und Erläuterungen gegeben hat. Dem Verlag ist der Vorstand zu Dank verpflichtet, daß er auch diese Jahresgabe wieder in seine betreuende Obhut genommen hat.

Das Erscheinen des Bandes war nur möglich durch eine finanzielle Unterstützung des Senators für Wissenschaft und Kunst des Landes Berlin. Ihm sei dafür auch an dieser Stelle der Dank der Gesellschaft ausgesprochen. Da die Herstellungskosten seit dem letzten Band der Jahresgabe erheblich gestiegen und mit Fischart nur als ,gemsenklettrig' zu bezeichnen sind, blieb keine andere Wahl, als die vorliegende Edition als Doppel-Jahresgabe für 1969/70 erscheinen zu lassen.

Berlin, April 1971

Für den Vorstand der
Heinrich-von-Kleist-Gesellschaft:
Wieland Schmidt

EINLEITUNG

Der ‚Amphitruon' des Johann Daniel Falk ist das Werk eines Außenseiters der Literatur und der Gesellschaft, eines liebenswerten Sonderlings, von dem die Literaturgeschichten weiter kein Aufhebens machen. Er gehörte zu den im Schatten der Großen lebenden kleineren Geister Weimars und entzog sich zuletzt völlig der Literatur, indem er sich als „Narr von Weimar" einer von ihm ergriffenen und für notwendig erachteten sozialpädagogischen Aufgabe gänzlich aufopferte.

Bekannt wurde er durch sein nachgelassenes Büchlein „Goethe aus näherm persönlichen Umgange dargestellt", dessen Authentizität hinsichtlich der Wiedergabe Goethescher Äußerungen bis heute umstritten ist. Da mag ein bisher unbeachtet gebliebenes Zeugnis in den Wiener „Jahrbüchern der Literatur" von 1832, dem Erscheinungsjahr des Büchleins, ganz aufschlußreich sein, zumal es uns aus dem Munde eines befreundeten Zeitgenossen (hinter der Chiffre „v. L." verbirgt sich der Schriftsteller Friedrich Rochlitz) Näheres über Falks Persönlichkeit vermittelt:

> Falk war ein Mann von Geist und mancherley Talenten im Allgemeinen, besonders aber von reicher, doch etwas unsteter Phantasie, von lebhaftem, doch in seinen Richtungen etwas wandelbarem Gefühl, und (besonders in jener Zeit) von treuester Hingebung an G[oethe]. Früh aufgewachsen in Verhältnissen, die seine vollständige Entwicklung und noch mehr seine innere Begründung unmöglich machten, war er schon ein junger Mann, als er von jenen Verhältnissen frey ward und, seinem Drange nach Wissenschaft und Kunst Raum und Stoff zu schaffen, sein Vaterland verließ, endlich, nach manchen Ausbeugungen, nach Weimar kam, wohlbelehrt in mehreren Fächern der Wissenschaft, besonders in Kenntniß der Natur und der Philosophie der Zeit; auch wohlgeübt für einige Gattungen der Poesie. Von Wieland bald erkannt, mit lebhafter Zuneigung aufgenommen, und nun von allen vorzüglichen Geistern des Orts günstig behandelt, verblieb er in Weimar, zunächst schriftstellerischer Thätigkeit sich hingebend, und von Jedermann als ein treuer, höchst regsamer und uneigennüt-

---

Der Einleitung liegt zugrunde: H. Sembdner, „Kleist und Falk. Zur Entstehungsgeschichte von Kleists ‚Amphitryon' ", in Jahrbuch d. Dt. Schillergesellschaft, Bd. 13, 1969, S. 361 - 396; sowie „Heinrich von Kleists Lebensspuren", hrsg. von H. Sembdner, 3., überarb. u. erw. Aufl., München 1969 (dtv-Taschenausgabe). Weitere Quellenhinweise in den Anmerkungen.
Die seltene Buchausgabe von Falks ‚Amphitruon' wurde uns von der Stadtbibliothek Mannheim zur Verfügung gestellt.

ziger, eifriger und eifernder Freund jedes Guten und Schönen, das ihm einleuchtete, geschätzt; wenn auch seines enthusiastischen, mitunter wohl auch excedirenden Wesens halber zuweilen geneckt und belächelt. Dabey war er ein leicht erregbarer und nicht ungewandter, auch in dem Maße ein genauer Beobachter der Menschen und menschlicher Dinge, als es Männer eben jener seiner Art überhaupt seyn können. Was er von Goethe gesehen und gehört, das hat *Er* sicherlich gesehen und gehört; er hat es auch sicherlich möglichst genau aufzuzeichnen sich bestrebt. Seine Urtheile darüber, so wie seine Ansichten und Discussionen über Anderes, was von G[oethe] ausgegangen, sind eben so zuverläßig, seinen innigsten Ueberzeugungen gemäß; und wenn er in mancherley Hinsicht anders im Buche, anders im Anhange [über Goethes ‚Faust'] erscheint, so hat das seinen Grund darin, daß er dort (früher) anders war, als hier (später). Wir, unsers Theils, haben uns besser und lieber mit dem frühern Falk vereinigen können, als mit dem spätern (Goethe auch): so wollen wir hier gleichfalls uns mehr an den frühern, mehr an das Buch als den Anhang, halten[1].

Am 28. Oktober 1768, also neun Jahre vor Kleist, in Danzig geboren, als Sohn eines Perückenmachers in ärmlichsten Verhältnissen aufwachsend, bildete er sich in angestrengtem Selbststudium zum Literaten und fand früh mit seinen mutigen, mancherlei Übelstände der Zeit aufdeckenden satirischen Schriften Zustimmung. Wieland hielt in seinem „Neuen Teutschen Merkur" von 1796 dafür, daß auf Falk „die Geister des Aristofanes, Horaz, Lucians, Juvenals und Swifts" herabgestiegen seien, um ihn zum Satirendichter, einer in Deutschland selten anzutreffenden Erscheinung, einzuweihen, so wie der gleiche Wieland sechs Jahre später in Kleists ‚Robert Guiskard' die „Geister des Äschylus, Sophokles und Shakespeares" vereinigt sah. Nach Erscheinen von Goethes und Schillers ‚Xenien' sieht Wieland, wenn wir Böttigers Bericht glauben wollen, in Falk den Mann, „der diesen Frevel am sichersten bestrafen könne", wozu sein „Taschenbuch für Freunde des Scherzes und der Satire" gerade recht sei[2]. Im Frühjahr 1797 wird Falk in Weimar von Wieland und Herder freundlich empfangen; er glänzt mit seinen Einfällen auf den Maskenfesten und findet persönlichen Kontakt zu Goethe, wenn es auch wiederholt zu einem Bruch kommt und Goethe den allzu eigenwilligen Narren und Nonkonformisten des Landes verweisen will.

Im Jahr von Jena sucht Falk mit seiner Zeitschrift ‚Elysium und Tartarus' den Widerstand gegen Napoleon zu schüren — wie drei Jahre später Heinrich von Kleist mit seiner Zeitschrift ‚Germania'. Beim Einmarsch der Franzosen in Weimar zittert man um seinen Kopf; doch tritt er beherzt den plündernden Truppen entgegen, organisiert Hilfsaktionen für die bedrohte Bevölkerung und

---

[1] Jahrbücher der Literatur, Wien, Bd. 60, 1832, S. 222 - 242. Den Hinweis auf Rochlitz' Verfasserschaft verdanke ich Herrn Oscar Fambach; vgl. Deinhardstein an Böttiger, 29. X. 1831, mitgeteilt in Akademische Blätter 1884, S. 620.

[2] Böttiger an Jacobs, 9. X. 1796, mitgeteilt in Akademische Blätter 1884, S. 73.

weiß als Dolmetscher des französischen Kommandanten das Schlimmste abzuwenden, wofür er nach Rückkehr des Herzogs zum Legationsrat mit einem kleinen Jahresgehalt ernannt wird — es war die erste feste Einnahme, über die er verfügte, nachdem er das kleine Vermögen seiner Frau durch Fehlspekulation verloren hatte.

Aus dem Dichter und Mann der kritischen Feder ist ein tätig Handelnder und uneigennützig Helfender geworden. Mit seiner großen Familie selbst von mancherlei Schicksalsschlägen verfolgt, errichtet er in den Wirren von 1813 und dem anschließenden Nachkriegselend sein Hilfswerk für verwahrloste Jugendliche, durch das sein Name in die Reihe der großen Sozialreformer und Pädagogen einging.

Als man sich nach seinem Tod im Jahre 1826 daran machte, die Biographie „unseres guten Falk" zu schreiben, und Goethe um Rat fragte, bezeichnete dieser als wichtigste Aufgabe, in den drei zu unterscheidenden Epochen Falks („als Schriftsteller", „als thätig in gefährlichen Kriegsläuften eingreifend", „als Pädagog verwilderter Kinder und Unternehmer eines frommen Instituts in diesem Sinne") aufzuzeigen, „wie das, was im Leben eines solchen Mannes als wunderlich und problematisch erscheint, sich unter verschiedenen Umständen aus seinem Charakter entwickeln konnte"[3].

*

Bei Falks ‚Amphitruon' haben wir es mit einem gewichtigen Zeugnis seiner ersten Epoche zu tun. Das Stück gehört zusammen mit dem 1803 erschienenen Drama ‚Prometheus' zu den beiden Hauptwerken seiner poetisch-weltanschaulichen Bemühungen. Unter den zahlreichen Amphitryon-Versionen der Weltliteratur ist Falks Bearbeitung nicht nur an Volumen die umfangreichste und ausschweifendste; für seinen Verfasser bedeutete der Stoff das Ausgangsmaterial und Zentralthema für eine Reihe von Versuchen und theoretischen Überlegungen, mit denen er das künftige Lustspiel der Deutschen zu schaffen gedachte.

Die frühesten Spuren zeigt eine „dramatisch-satirische Rhapsodie", die Falk unter dem Titel ‚Die Uhu' 1797 im 1. Jahrgang seines „Taschenbuchs für Freunde des Scherzes und der Satire" veröffentlichte. In der Figur des Doktors Trismegistus, der mit seinem Diener Johann „jetzt nach Inquisitorart das Land durchreist", karikiert Falk hier den berüchtigten Pfarrer und Wöllnerianer Hermann Daniel Hermes, der 1791 von Friedrich Wilhelm II. nach Berlin berufen und zum Präsidenten der neuerrichteten Geistlichen-Immediat-Examinationskommission ernannt worden war. Um Trismegist und seinem Diener

---

[3] Goethes Werke, Sophien-Ausgabe, IV. Abt., Bd. 41, S. 272.

einen Denkzettel zu geben, steigen Voltaire und Friedrich der Große aus der Unterwelt und verwandeln sich in die Doppelgänger der beiden. Wie Molières Sosie berichtet Johann sein metaphysisches Erlebnis getreulich seinem Herrn:

> Herr, wie gesagt! von Wort zu Wort!
> Ich sterbe drauf! — Dort stand ich, dort,
> Und klopfte vor des Gasthofs Thor.
> Mein *Nicht-Ich* trat sogleich hervor,
> Und schalt mich: Lümmel, Bärenhäuter,
> Halunke, und was weiß ich weiter?
> Der Schimpf verdroß mein *Ich*, und d'rob
> Ward es zuletzt gewaltig grob.
> Mein *Nicht-Ich* log mir in's Gesicht,
> Als sey ich Euer Diener nicht;
> Es sey das *reine* Ich allein,
> Und ich, ich müßte *Nicht-ich* seyn.

Trismegist seinerseits muß erleben, wie sein Doppelgänger Friedrich die Seelenfreundin Clara (in welche sich — in überraschender Umgehung der Alkmene-Problematik — Voltaire verwandelt hatte) zärtlich in Armen hält. Zuletzt verkündet der große Friedrich dem zerknirschten Hermes Trismegistus:

> Zeuch hin! — Verkünd' es deinem König:
> Der Brennen wackre Nation,
> Lieb' ihren König, seinen Thron,
> Vergieße gern für ihn ihr Blut;
> Nur hasse sie den Übermuth
> Der unbefugten Reformater.
> Den Körpern zwäng' der Landesvater
> Zwar gleiche Taktik, Uniform
> Leicht auf; nicht also Glaubensnorm
> Den Geistern; F......ch W......m sey
> Zu groß für Pfaffenhudeley.

Falk hatte die politisch verfängliche Posse in Halle als Marionettenspiel zur Aufführung gebracht. Unter der Beschuldigung, ehrwürdigste Gegenstände des Staates und der Religion angegriffen zu haben, forderte man ihn anonym zum Verlassen der Stadt auf, um einem Haftbefehl der preußischen Regierung zu entgehen (zu dem es dann allerdings doch nicht kam). Das Stücklein ist nicht nur für Stil und Tendenz seiner frühen Satire bezeichnend; schon hier zeigt sich, wie Falk die zweifellos auf Molière zurückgehende Doppelgängerszene zur Parodierung von Fichtes gerade erschienener Wissenschaftslehre mit ihrem „Ich" und „Nicht-Ich" benutzt und aktuell ausstaffiert.

Fünf Jahre später, im Taschenbuch von 1802, legt Falk den Gesamtplan seines damals noch ‚Amphitryon' (mit „y") genannten Lustspiels nebst den bereits ausgeführten ersten beiden Akten vor und kündigt die Fortsetzung für das nächste Taschenbuch an. In den Jahren 1802 und 1803 arbeitet er intensiv an dem Stoff weiter, der ihm unter den Händen anwächst. Durch den zunächst benutzten Blankvers (den später auch Kleist verwenden sollte) fühlt er sich bald beschränkt und geht zu einem „freyern und sich fesselloser bewegenden Metrum" über, das auch den Reim nicht verschmäht, der überhaupt der Natur der neueren Sprachen angemessen sei. Die schon in der ersten Anlage vorgesehenen Volksszenen, von denen das Taschenbuch von 1803 einige Proben bringt, werden zu genrehaft ausgemalten Szenen im Stil der antiken Komödie. Gerade auf diese keineswegs überzeugenden Einschübe war Falk besonders stolz. In einer Nachschrift äußert er sich darüber:

> Da ich einmal gesonnen war, den Amphitryon, in Rücksicht auf Metrik, Stoff und freye Behandlungsart, für meine eigene und Anderer Anschauung, als ein ernstgemeintes Studium, wohin es nur gehen wollte, durchzutreiben: so nahm ich auch keinen Anstand, mir die nöthigen, oder besser gesagt, die bloß herkömmlichen Freiheiten zu erlauben. So entstanden zwey Bearbeitungen eines und desselben Stoffs: eine, die sich, in Geist, Oekonomie und Stil des Ganzen, mit Beobachtung aller drey Einheiten, so wie auch der Treue der Fabel, mehr an ihr Vorbild, den Plautus, hält; die zweyte, die davon abweicht, und die, indem sie einmal die Fabel freyer und in sittlicherem Geiste der Neuern zu verstehen sucht, ebenfalls kein Bedenken trägt, sich kleine episodische Abschweifungen, in Ausbildung untergeordneter Charaktere, durch absichtlich erfundene Nebenvorfälle zu erlauben, ohne jedoch deshalb das fortschreitende Interesse der Haupthandlung aufzugeben. Beyde Arbeiten, die, wie gesagt, ganz zum Druck fertig liegen, hoff' ich zu seiner Zeit dem Publikum vorzulegen.

Die dramatischen Ausarbeitungen dienten ihm als Modell für Theorien, auf die es ihm vor allem ankam und die er nicht müde wird in beigefügten Erläuterungen oder selbständigen kleinen Abhandlungen zu wiederholen. Jene von ihm erwähnte erste Fassung (die zweifellos die bessere war) ist uns nur in dem erwähnten Fragment im Taschenbuch von 1802 überliefert. Die breit ausgeführte zweite Fassung, die wir im folgenden wiedergeben, erschien 1804 als aufwendig gedruckte Buchausgabe, ohne freilich das Interesse zu finden, das Falk sich erhofft hatte.

Wohl um Abstand von dem allzusehr durch Theorie und Weltanschauung belasteten Thema zu gewinnen, verfertigt er im Sommer 1804 eine kleine Posse ‚Das Ich und Nicht-Ich, oder die lustige Hahnreischaft'[4], die dann 1807

---

[4] Vgl. Falk an Böttiger, 7. X. 1804 (K. A. Böttiger, Literar. Zustände und Zeitgenossen, Bd. 2, Leipzig 1838, S. 289 f.): „Ich habe eine lustige Posse: Das Ich und Nicht-Ich, oder die lustige Hahnreischaft, diesen Sommer verfertigt. Nun wünschte ich ein homogenes Bild im Umriß, wie das überall bei Herausgabe dieses Werks mein Zweck ist; ich kenne aber zur Copie kein besseres als Nro. 115 des gedruckten Catalogs der Dresdner Bildergallerie, Teniers. Es ist gerade auch dort eine lustige Hahnreischaft im Werke, und daher paßte ein solches Bild votrefflich in meinen Kram."

im 2. Jahrgang seiner Sammlung „Grotesken, Satyren und Naivitäten" unter dem neuen Titel ‚Zwey Arlekine für einen' als angebliche Bearbeitung eines alten Wienerischen Faschingsspiels erscheint. Das Überraschende ist, daß es 1716 wirklich einmal in Wien eine Amphitruo-Travestie gab, deren vermutlich von Stranitzky stammender Text verloren gegangen ist. Falk mag bei seinem Wiener Besuch im Jahre 1803 davon gehört und sich an eine Rekonstruktion gemacht haben. Das, was er uns anbietet, ist, neben guten Beobachtungen des Wiener Volkstheaters, eigenstes Falksches Erzeugnis, wie schon die wörtlichen Anklänge an seinen ‚Amphitruon' von 1804 zeigen. Mit dieser heiteren Persiflage auf gesellschaftliche Auswüchse der Zeit unter Anspielungen auf die Modephilosophen à la Kant und Fichte kehrt Falk zu seinen Anfängen von 1797, wenn auch wohl gelöster und humorvoller, zurück.

Falk war mit seinem Hauptwerk nur wenig Ruhm beschieden. Dies lag nicht zuletzt daran, daß er sich übernommen hatte und zuviel an Disparatem zu vereinigen suchte. Auch seine Grundhaltung hatte sich im Laufe der Jahre geändert. Aus dem aufklärerischen Satiriker war ein schlichter Christ geworden, dem Blasphemien widerstanden. Der Aufklärer in Falk läßt Merkur auf Jupiters Bemerkung, daß die Menschen ja nicht ihm, sondern den ewigen Naturgesetzen unterworfen seien, vorwitzig bemerken: „So könnten freilich, mit den Jahren, / Sie manche schöne Unze Weihrauch sparen!" Andererseits tritt bei ihm Jupiter, gerührt durch Alkmenes gläubiges Vertrauen, von seinem frivolen Vorhaben zurück, eine überraschende Lösung, auf die übrigens auch ein neuerer christlich gesinnter Schriftsteller verfallen ist[5]. Ein anonymer zeitgenössischer Kritiker in der Halleschen „Allgemeinen Literatur-Zeitung" von 1805 freilich macht sich darüber lustig:

> Jupiter mußte, wahrscheinlich der modernen Decenz zu gefallen, ein sentimentaler Liebhaber werden, und Alkmene gleichfalls eine Heldin der Empfindsamkeit. Ja, was bey den unbefangenen Alten, die mit den lustigen Sagen aus der Chronik des Olymps, wie mit ihrer ganzen Religion ein üppiges Spiel trieben [...], was dort eine fröliche sinnliche Katastrophe nimmt, das schließt bey Hn. F[alk] ganz edel und großmütig. [...] Da hört man nichts als empfindsame, zum Theil herzbrechende Gespräche, womit sich die beiden edlen Seelen unterhalten.

Auch sonst findet der anonyme Kritiker wenig Geschmack an Falks Buchdrama; es sei nicht das „freie Erzeugnis eines unbefangenen Kunstsinnes", sondern solle Lehre veranschaulichen, Resultate der Spekulation über alte und moderne Kunst darstellen, wie überhaupt Falks Talent nicht im Dramatischen,

---

Der Hinweis auf das Bild, das Falk dann unabhängig von seiner Posse im 1. Jahrgang seiner „Grotesken, Satyren und Naivitäten", 1806, bringt, ist insofern bemerkenswert, als sich Kleist im Zusammenhang mit dem „Zerbrochnen Krug" gerade auf Teniers beruft (An Fouqué, 25. IV. 1811).

[5] Eckart Peterich: „Alkmene, ein Lustspiel." Köln 1959.

sondern in der Lehrpoesie liege. Er tadelt die Überladenheit mit zu viel Ne-
benszenen, die als schleppendes Beiwerk die Haupthandlung nur störten:

> Der Genuß, den einzeln gelungene Scenen und Situationen gewähren, wird
> durch so viel Fremdartiges, und noch dazu nachlässig und rauh Vorgetragenes
> wieder getrübt, und, wenn wir uns kaum angezogen fühlten, tritt bald wieder
> Langeweile und Widerwillen über so manches Frostige, Bisarre, mitunter auch
> Abgeschmackte — besonders wo das Antike und Moderne so sonderbar con-
> trastiren — häufig ein.

Wie ein Vergleich lehrt, ist es der gleiche Anonymus, der in der Neuen Allge-
meinen Deutschen Bibliothek, Bd. 104, 1805, noch weit schärfer über Falks
Stück urteilte. Die unterzeichnete Chiffre Rf. weist auf den Theaterdichter
Johann Friedrich Schink. Schink spricht von einem „Monstrum von Komödie",
von „greller und widerwärtiger Vermischung des Antiken und Modernen".
Seine Vorwürfe gegen Falks Jupiter könnten in ähnlicher Weise auch Kleists
Dichtung gelten:

> Wahrlich! einen Jupiter, wie diesen, hätten die Griechen mit Nußschaalen vom
> Theater gejagt, so ein albernes, sich widersprechendes, charakterverquertes Mach-
> werk ist er! [...] Diese Vergeistigung einer so ungeistigen Sinnlichkeit, diese
> Vergöttlichung einer ungöttlichen Tendenz [...] war nur Hrn. Falks moderner
> Poesie vorbehalten, die antike hatte für eine so ungereimte Sublimität zu viel
> Menschenverstand.

Dagegen interessiert sich der gleichfalls anonyme Rezensent der „Neuen
Leipziger Literaturzeitung", hinter dessen beredter Gelehrsamkeit wir unschwer
Falks Freund Karl August Böttiger erkennen, sehr für Falks Unternehmen,
und er sucht dessen These, daß einem deutschen Lustspieldichter das Studium
der griechischen Charakterkomödie bedeutend nützlicher sei als das der französischen Komödie, durch weitere Ausführungen zu unterstützen:

> Die richtige Auffassung der Hauptzüge dieser Charakter hatte Menander ohne
> Zweifel seinem großen Lehrer, Theophrast, zu danken. Warum sollten diese,
> wenn der Dichter die Bilder davon durch Beobachtungsgeist in seinen Umgebun-
> gen in der wirklichen Welt auffrischt und noch bestimmter gestaltet, nicht immer
> noch zu komischen Compositionen hinreichen, da die griechischen Komiker sie zu
> einer großen Mannigfaltigkeit von komischen Wirkungen zu benutzen gewußt
> haben[6]?

Auch Goethe, der später Kleists Umdichtung so entschieden ablehnen sollte,
war, wenn man Falks Zeugnis in einem undatierten Brief Glauben schenkt,
„sehr zufrieden" mit dessen Werk:

---

[6] Neue Leipziger Literaturzeitung, 8. V. 1804. Böttiger hatte in der gleichen Zei-
tung am 30. I. 1804 bereits Falks ‚Kleine Abhandlungen' recht positiv besprochen und
sieht nun den angekündigten Untersuchungen über die neue Komödie der Griechen,
wie er sagt, mit Verlangen entgegen.

„Ich habe es zweimal in einem Athem hintereinander gelesen", sagte er mir, als ich ihn wiedertraf, „was mir selbst", wie er hinzusetzte, „mit den Werken meiner näheren und nächsten Freunde nur selten begegnet". Ich denke, mein lieber Körte, daß dies alles für die Objektivität der Darstellung, nach der ich strebe, und für die richtige Zeichnung der Figuren, die ich aus dem Schutt des Alterthums heraus für das künftige Lustspiel der Deutschen zu erobern suche, kein mißfälliges Zeichen ist[7].

Die neuere Literaturgeschichte hat Falks Bemühungen um dieses künftige Lustspiel der Deutschen nicht honoriert. Soweit man sein Stück überhaupt kannte und erwähnte, bezeichnete man es als „aufgedunsenes hohles Machwerk", als „Erzeugnis eines merkwürdigen Ungeschmacks". Irgendwelche Verbindungen zu Kleists Dichtung annehmen zu wollen, schien unter diesen Umständen absurd. Eine frühe vorsichtige Vermutung des Schriftstellers Wilhelm Ruland, daß Kleist jenes „immerhin eigenartige Stück" gelesen haben könne und vielleicht von ihm verleitet worden sei, pantheistische Elemente in die Auffassung seines Jupiter einzuflechten, schmetterte 1905 der damalige Literaturpapst Erich Schmidt mit dem Verdikt nieder, Kleist habe gar nichts mit diesem Machwerk gemein, mit dem sich der Weimaraner Falk dem flüchtigen Spott der Romantiker ausgesetzt habe. Immerhin hat sich in neuerer Zeit der Schwede Örjan Lindberger in einer ausführlichen Untersuchung mit den verschiedenen Gestaltungen des Amphitryon-Stoffes und so auch mit dem Falkschen Werk auseinandergesetzt, dem er eine gewisse historische Bedeutung zugesteht, zumal Kleist das Werk gekannt haben könnte und vielleicht gerade durch dessen „inferiority" zu einer eigenen Gestaltung angeregt worden sei[8].

*

Während über die Entstehungsgeschichte von Kleists ‚Amphitryon' keinerlei Zeugnisse vorliegen, sind wir über die Anfänge von Kleists zweitem Lustspiel, dem ‚Zerbrochenen Krug', recht gut unterrichtet. Kleist selbst erwähnt in der Vorrede zu dem Stück den Kupferstich, den er vor Jahren in der Schweiz gesehen hatte; durch Zschokke erfahren wir von einer Art literarischen Wettbewerbs zwischen den Freunden, bei dem Kleists Lustspiel später den Sieg davontrug; Pfuel berichtet, daß ihm Kleist im Sommer 1803 in Dresden die ersten Szenen in die Feder diktiert habe, und Kleist bezeichnet 1808 in Übereinstimmung damit sein Stück als „vor mehreren Jahren zusammengesetzt".

---

[7] Mitgeteilt von Ernst Witte, „Falk und Goethe". Diss. Rostock 1912, S. 50.
[8] Örjan Lindberger, „The Transformations of Amphitryon". Stockholm 1956, S. 118 f., 131, 136, 138, 147. Ähnlich vermutet Keith A. Dickson in der Einleitung zu seiner Amphitryon-Ausgabe (Harrap, London 1967, S. 27): „Kleist probably felt spurred by the shallow optimism of Falk's version to develop his own ideas further, for there are several hints of Falk in Kleist's text."

Auf derartige Hinweise müssen wir beim ‚Amphitryon‘ verzichten. Anfang des Jahres 1807, während Kleist als Gefangener nach Frankreich transportiert wurde, gelangte das druckfertige Manuskript in die Hände der Freunde in Dresden, die umgehend die Veröffentlichung besorgten. Über Entstehungszeit und Veranlassung des seltsamen Werkes erfahren wir nichts. Ein einziges Mal erwähnt Kleist den Titel in einem Brief an Wieland vom 17. Dezember 1807, als das Stück bereits gedruckt vorlag, und bezeichnet es als eine „Umarbeitung des Molierischen“.

Immerhin hätten einige Indizien darauf aufmerksam machen können, daß beide Lustspiele, ‚Amphitryon‘ und ‚Zerbrochner Krug‘, in enger Nachbarschaft entstanden sein müssen. Dafür sprechen die auffallenden Übereinstimmungen des Wortschatzes, die gemeinsamen volkstümlichen Redensarten und Dialektwendungen. Auch konnte ich nachweisen, daß der ‚Amphitryon‘ keinesfalls erst nach dem ‚Zerbrochnen Krug‘ in Angriff genommen sein kann, da der ‚Krug‘ bereits die Arbeit am ‚Amphitryon‘ und an der Molière-Übertragung voraussetzt.

Als Kleist die ersten Szenen des ‚Krug‘ konzipierte, befand er sich, wie wir wissen, nach einem bei Wieland verbrachten Winter, in Dresden. Unbeachtet blieb, daß sich im gleichen Frühsommer 1803 auch Falk zu kunstgeschichtlichen und literarischen Studien dort aufhielt. Die Annahme liegt nahe, daß die beiden schon aufgrund ihrer gemeinsamen Beziehungen zu Wieland zusammen fanden. Wieland mag seinen Ossmannstedter Gastfreund dem bereits arrivierten Falk empfohlen haben, wobei die Begegnung mit dem Lustspieldichter für den an seiner Guiskard-Tragödie verzweifelnden Kleist nur förderlich sein konnte.

Durch einen unscheinbaren Zufall ist uns die damalige Begegnung auch äußerlich bezeugt. Ein Jahr nach Kleists Tod bestellt Adolph Wagner seinem Freunde Fouqué beiläufig Grüße von Falk, der sich seiner und Kleists mit Liebe und Wärme erinnert habe, worauf Fouqué erwidert: „Jawohl, mit Heinrich zusammen sah ich ihn vor rund 10 Jahren auf der Dresdner Galerie …“ Auch sonst spricht Fouqué wiederholt von dem heitren Dresdner Aufenthalt des Jahres 1803, ohne indes die beiden Namen zusammen anzuführen. Er schildert Falk als feinen, bleichen, elegant, doch einfach gekleideten Mann, mit dessen in der Wielandschen Schule gebildeten Ansichten er als Schlegel-Schüler öfter strittig angestoßen sei. Auch von Kleist behauptet Fouqué, daß er der „Wielandschen Schule“ angehört und der sogenannten „neuen Schule“ beinahe feindselig gegenüber gestanden habe, so daß sie sich in poetischer Hinsicht gänzlich fern blieben und sich ihr Gespräch auf die Kriegskunst habe beschränken müssen. Daß es zwischen Kleist und Falk anders gestanden haben muß, können wir nur zwischen den Zeilen lesen.

Falk hat sich später wiederholt öffentlich für Kleist eingesetzt. Den in Weimar durchgefallenen ‚Zerbrochnen Krug‘ nennt er ein Werk „voll genialer und glücklicher Züge", das eine Hand verriete, „die, des Zeichnens nicht ungewohnt, noch festere und glücklichere Produkte für die Zukunft" verspreche. Er versucht Goethe für Kleists Werk zu gewinnen und beklagt noch kurz vor Kleists Tod den kalten Empfang, den seine Landsleute diesem kühnen, feurigen Genius bereitet hätten: „Hätte dieser reichbegabte, herrliche Kopf weiter nichts geschrieben, als seinen zerbrochnen Krug, oder sein Käthchen von Heilbronn: so verdienten, besonders bei der Armut der Deutschen im dramatischen Fach, seine Versuche Aufmerksamkeit, seine Talente Hochachtung." Von Kleists Versuch der Amphitryon-Umarbeitung schweigt Falk interessanterweise.

Es besteht kein Zweifel, daß Kleist zu dieser Bearbeitung eben durch Falk in Dresden angeregt wurde und daß beide Kleistschen Lustspiele jenem Frühsommer 1803 ihre Entstehung verdanken. In seinen Schriften und Briefen nennt Kleist nirgends Falks Namen; doch gibt es genügend Stellen, die auf eine Bekanntschaft mit dessen Ideen und Veröffentlichungen schließen lassen. Am eindrucksvollsten aber sind die Beziehungen zwischen ihren Amphitryon-Dichtungen. Wenn Falk für die Deutschen auch wenig Berührungspunkte mit dem espritreichen gallischen Witz sehen wollte und sein ‚Amphitruon‘ angeblich nur antikem Vorbild verpflichtet war, so hatte er doch seinen Molière durchaus studiert und die wirkungsvollsten Szenen, wenn auch in anderer Reihenfolge, für sein Stück herangezogen. Aus seiner Übersetzung des ihm geläufigen Französisch tauchen erstaunlicherweise eine Anzahl Wendungen bei Kleist auf; wie Kleist offenbar auch die Falkschen Reime im Ohr trug, die sich nun als seltsame Einsprengsel zwischen den eigenen Blankversen wiederfinden. Diese unscheinbaren Symptome sind insofern bedeutsam, als sie auf eine intensive Zusammenarbeit deuten.

Es kann sich nicht darum handeln, daß Kleist einzelne Anregungen „verwertete", daß er den oder jenen Zug, diese oder jene Wendung von Falk „übernahm". Vielmehr muß man sich ihre Stücke in einer gemeinsamen Werkstattsphäre des Experimentierens und Versuchens entstanden denken. Es läßt sich nachweisen, daß Kleists Kenntnis nicht auf die gedruckte Fassung von Falks Werk beschränkt war, sondern daß er auch die Vorformen und Varianten kennengelernt hatte. Kleist muß miterlebt haben, wie Falk die Bestandteile des Stückes gleichsam experimentell montierte, ausbaute und variierte, wobei schon die zeitgenössische Kritik allerlei Anleihen, zumal bei Goethe, zu entdecken pflegte.

Bei Falk fand Kleist bereits die Transponierung der Handlung aus der kühlen, frivolen Sphäre des französischen Hofes in eine sehr deutsche Innerlichkeit vor, die Verwandlung der eleganten Offiziersgattin, deren Geschick belanglos und äußerlich bleibt, zur warmherzigen, beseelten Frau des Hauses, der menschliche Konflikte und Entscheidungen zugemutet werden (wie die einigermaßen peinliche Wahl zwischen den beiden Amphitruons vor versammeltem Volke), ferner die Erhöhung der allzumenschlichen Jupitergestalt zu der pantheistisch aufgefaßten Gottheit, und manches andere mehr.

Mit sicherem dramatischen Instinkt erkannte Kleist die Abwegigkeit der mit zu viel Disparatem aufgeschwemmten Falkschen Arbeit, trotz vieler hübscher Details, die darin verborgen waren. So stellte er den von Falk zertrümmerten äußeren Aufbau des Molièreschen Stückes wieder her und gewann damit für seine eigene großartige Konzeption ein festes Gerüst. Ganz allerdings kann auch Kleists ‚Amphitryon‘ den Charakter des Experimentierstücks nicht leugnen, so wenig wie der ‚Zerbrochne Krug‘, so daß auf beide Stücke Kleists Kennzeichnung des „Zusammengesetzten“ zutreffen mag.

Ein eingehender Vergleich zwischen Falks und Kleists Arbeit ist nicht ohne Reiz. Die Nachprüfung von Einzelheiten mag der beigefügte Anmerkungsapparat erleichtern. Wesentlich erscheint mir das Phänomen, wie hier ein theoretisch versponnener, von vielerlei Projekten hin- und hergerissener, heute gänzlich vergessener Geist einem Genie wie Kleist Anstoß und Werkhilfe in einer kritischen Phase seines Schaffens zu geben imstande war. Auch erlaubt der Befund, die bisher für das Jahr 1806 angenommene Abfassungszeit von Kleists ‚Amphitryon‘ nunmehr auf das Jahr 1803 anzusetzen.

AMPHITRUON

LUSTSPIEL IN FÜNF AUFZÜGEN

VON

J. D. FALK.

ERSTE (ZWEITE) ABTHEILUNG.

HALLE,
IN DER RUFFSCHEN VERLAGSHANDLUNG. 1804.

21

Alkmene. _ Sieh da Doriskus
Nun wie ich seh hast du ja auch
schon wieder Zuspruch!
Sind das die Parasiten Licht und Schatten?

Vers 269/271

JUPITER, in Gestalt des Amphitruon.
MERKUR, in Gestalt des Sosia.
AMPHITRUON, Feldherr in Theben.
ALKMENE, seine Gemahlin.
AMYNTICHUS, ihr Kind.
ELECTRYON, Alkmenens Vater.
SOSIA, Amphitruons Sklav.
ANDRIA, sein Weib.
DAMOKLEIA, Schaffnerin im Hause.
DORISKUS, Oberkoch.
LICHT und SCHATTEN, zwei Parasiten.
THRASO, ein Soldat.
BYBACHIDES, ein Bader.
MELANTHES, ein Oberhirt.   (IV)
EIN PAAR FISCHER.
NOCH EIN PAAR FISCHER.

VOLK. — WEIBER. — KINDER. — MEISTER IN ERZ. — MEISTER
DES BEILS. — SCHNEIDER. — FÄRBER. — TÖPFER. — HIRTEN.
— KÖCHE und SKLAVEN.

Die Szene spielt in Theben, abwechselnd vor und in dem Hause
des Amphitruon.

Im zweiten Theile meiner kleinen Abhandlungen, aus dem Gebiete der Poesie und Kunst*), gedenke ich dem Publikum die Resultate meines Nachdenkens über die Charaktere der mittlern und der neuern griechischen Komödie vorzulegen.

Die Fragmente der beiden Hauptkomiker, Menander und Philemon, sollen mir dabei zum Leitfaden dienen. Vorläufig nur so viel: daß, gegen hundert Berührungspunkte der Deutschen mit dem gemüthvollen Griechen, sich kaum einer und ein halber mit dem espritreichen, nach Witz, Schimmer und Pointen haschenden Franzosen vorfinden dürfte. Von der ganzen Gallerie von Charakteren, dem Trupp von Originalen, den die neuere Komödie, *selbst in ihrer Ausartung in's Individuum,* auf den Platz gebietet, giebt uns Terenz nur einen äußerst unvollständigen und sehr schwachen Begriff. Selbst auf die Gefahr, modern gescholten zu werden, will ich es daher versuchen, nicht das Leben aus den Fragmenten, sondern die Fragmente aus dem Leben zu erläutern: ein frischer Griff in die Umgebungen der Mitwelt wird mir dabei zum Commentar dienen. Der Geizige, der Abergläubische, der Weiberhasser, der Menschenfeind, der Griesgram, der genialische Lügner und Aufschneider, der Prahler, der Muhmenhans, der Stock (Niais-Margites), der Strick, der Gauner, der Superklug u. s. w., leben noch zu unsern Zeiten, wie zu denen des Menander. Auch die verschiedenen Stände, der Stand des Landmanns, des Fischers, des Kochs, des Beckers, des Mundschenken, des Schmarotzers, des Soldaten, des Bettlers, der Priester, der Philosophen, der Blumenmädchen, der Spinnerinnen, der Korbträgerinnen, der Begeherinnen heiliger Vorabende — alles Typen, die häufig in den übriggebliebenen Fragmenten vorkommen — sind keinesweges ausgestorben, sondern nur in andern Verkleidungen auch unter uns vorhanden. Freilich ist leider die Natur bei uns ein Buch, und zwar ein

---

*) Der erste Theil ist um vorige Ostermesse in der Hoffmannischen Buchhandlung zu Weimar, mit drei Umrissen nach Michael Angelo und Raphael, erschienen.

24

so gelehrtes Buch geworden, daß wir, über das viele Lesen darin, das Sehen verlernt haben. Bis zur Erscheinung dieser kleinen Abhandlungen bitte ich das Publikum, den Blick in ein während dieser Untersuchungen entstandenes Studium, den *Amphitruon,* zu werfen: der Leser wird hier Gelegenheit haben, mit Manchem aus dem Menander und Philemon Bekanntschaft zu machen, was ihm bei Erscheinung jener Abhandlungen selbst sodann nicht mehr neu seyn dürfte.

Weimar, den 8ten März 1803[1804].   F a l k.

AMPHITRUON. (1)

ERSTE ABTHEILUNG.

ERSTER AUFZUG. (3)

ERSTER AUFTRITT. (5)

Platz in Theben vor Amphitruons Hause.

JUPITER *(in einer griechischen Feldherrnkleidung).*
Die Nacht ist schwarz — kaum einzeln schimmern Sterne —
Ich denke, Juno hat uns nicht bemerkt —
Denn schon acht Tage lang hält eine Reise
Uns vom Olymp entfernt, und birgt so leicht (6)
Uns vor der Gattin Auge der Betrug. —
Nun — nun, es ist noch alles nicht gelungen!
Laß sehn erst, was Merkur für Botschaft bringt,
Den wir in den Olymp und in das Lager
Amphitruons auf Kundschaft ausgeschickt!
10   Mit seinem Kommen muß sich bald entscheiden,
Ob Lieb' uns hier beglücken soll, ob nicht! —
Das ist ja wohl das Haus Amphitruons,
Das mir sein Weib, die reizende Alkmene,
Das schönste Kleinod Griechenland's bewahrt? (7)
Indeß im Lager Er den Feind bekämpft,
Will ich, von ihm Gestalt und Stimm' erborgend,
Sein Weib bethörend, mir den süßen Lohn
Verstohlner Liebe zu gewinnen suchen:
So straf ich, während ich in meiner Brust
20   Geheimen Wunsch befriedige, zugleich
Auch seine, des Gemahles, Eifersucht,
Die oft Alkmenen unerträglich quält.
Indeß verlängre dich, o Nacht, in deinem Lauf;
Strahlt dunkler, Sterne; Sonne, geh' nicht auf! (8)
Wer kömmt?

ZWEITER AUFTRITT.

Jupiter. Merkur.

MERKUR *(in einer Sklavenkleidung)*.
  Ich bin's, Merkur, und wie du siehst, bereits
  In eines Sklaven niedrig schlechtem Anzug.

JUPITER. Was bringst du Neues?

MERKUR.   Vielwillkommne Botschaft:
  Vor Telebois ist ein Sieg erfochten;   (9)
30 Und, eingedenk der zärtlichen Alkmene,
  Schickt ihr Gemahl, aus reich erworbner Beute,
  Ihr einen kostbar'n, goldgestickten Schleier.

JUPITER. Erwünscht!

MERKUR.   Nicht ganz erwünscht, so wie du glaubst!
  Er läßt zugleich ihr seine Ankunft melden.

JUPITER. Amphitruon?

MERKUR.   Er selbst — auf diese Nacht!   (10)

JUPITER. So mögen wir nur, unverrichtetes
  Gewerb's, zurück uns zum Olymp verfügen!

MERKUR. Das möge Jupiter verhüten, der du bist!

JUPITER. Und bleibt uns sonst was übrig?

MERKUR.   Deine Macht
40 Und meine List!

JUPITER.   Nur auf die letzte bin ich hier gefaßt;   (11)
  Laß hören dann, was sie uns ausgesonnen!

MERKUR. Mit diesem zweiten Schleier, jenem ähnlich,
  Begeb' ich zu Alkmenen mich in's Haus,
  Und meld' als Sosia ihr deine Ankunft.

JUPITER. Und wenn Amphitruon nun selbst erscheint?

MERKUR. So wird er von der Thür zurückgewiesen
  Durch mich, durch seinen Sklaven Sosia.   (12)

JUPITER. Dein Vorschlag hat, was mir gefällt, Merkur.

MERKUR. Doch bleibt der Einfall immer sonderbar,
50   Bei einem schönen Weibe sich dadurch
     Beliebt zu machen, daß man die Gestalt
     Von ihrem Mann annimmt, die unter allen
     Nur möglichen Gestalten in der Welt
     Den Weibern sonst am wenigsten gefällt!
     Nun du wirst sehn, wie weit du damit kömmst!   (13)

JUPITER. Auch überlaß dies meiner Sorge ganz!

MERKUR. Was mich betrifft, mir ist nur eins verdrüßlich!
     Es läuft in diesem Haus' ein Weib umher:
     Mit Namen heißt sie Andria,
60   Ehfrau des Sklaven Sosia:
     Die, fürcht' ich, wird in mir alsbald
     Erblicken nicht des Mann's Gestalt:
     So wird ihr Herz in Lieb' entlodern,
     Und, Liebe gebend, Liebe fodern:
     Nun sprich, was ist dabei zu thun?
     In ihren Armen auszuruhn,
     Dazu ist sie mir von Gesicht   (14)
     Zu häßlich — und die Ehepflicht
     So wieder ganz und gar verweigern ihr zu wollen:
70   Nun das geht wieder nicht — und ein
     Paar Küsse muß ich wenigstens ihr zollen.

JUPITER. Mein Rath ist: such mit deiner Alten
     Frisch einen Zank zu unterhalten,
     Sogleich vom Eintritt!

MERKUR.   Hm! der Rath ist gut!

JUPITER. Und nun, wir steht es im Olymp?

MERKUR.   So weit — ganz gut!   (15)
     Frau Juno führt indeß die Weltregierung.

JUPITER. Und wie befindet sich die Welt dabei?

MERKUR. Wie sie es längst gewohnt ist, leidlich schlecht!

JUPITER. Ist etwas von Suppliken eingelaufen?

80 MERKUR. Hier bring ich zwei Gebund und einen ganzen Haufen!

JUPITER. Gieb her! Das sey indeß mein Zeitvertreib,   (16)
     Wenn du Alkmenen ihren Schleier bringst!

MERKUR *(der sie ihm einzeln reicht)*.
    Es bitten dich um Regen die Megarer!

JUPITER. Sie sind nicht klug! Es ist kein großer Vorrath!
    Trotz den gehabten zweien trocknen Jahren,
    So müssen wir das Wasser dennoch sparen!
    Es hat der Jupiter Pluvius
    Die Quellen rings am Kaukasus,
    Und auf dem Ararat mir ausgetrocknet,   (17)
90   Indem er zu freigebig sich erwies;
    Da kommt denn auch bei mir bald das, bald dies —
    Die vielen Bitten — Nun — 's sind gute Leute —
    Und bin ich denn gerad bei Laune, so wie heute;
    Da ist denn bald ein Krautland, was ich wo begieß,
    Und bald ein Waizenstückchen, wo ich bin zu Willen;
    Da wollen freilich sich die Quellen wieder füllen!
    Und thät' ich vollends allen Narr'n zu Willen!
    Ja sieh, Merkur, in einer Stunde;
    In einem Tage, gieng die Welt zu Grunde!
100   Was will Phönizien?

MERKUR.   Bei seiner Schiffahrt   (18)
    Ist ihm mit Wind gedient!

JUPITER.   Der Wind gehört
    In die Gerichtsbarkeit von Aeolus;
    Schickt sie zu dem! Es bleibt auf altem Fuß,
    Und jegliche Supplik gelang'
    An ihr bestimmt Departement!

MERKUR *(der sie einsteckt)*.
    Nach Ordre!

JUPITER.   Und ist sonst was von Belang?

MERKUR. Beschwerden aller Art!

JUPITER.   Wie lauten sie?   (19)

MERKUR. Beklagung über Feur- und Wassersnoth,
    Und Krieg und Wetterschäden, und von Wölfen
110   Gefreßne Schafe —

JUPITER *(unwillig)*.   Ey, da kann ich helfen!
    Das geht nach ewigen Naturgesetzen:
    Such's Einer doch den Narr'n in's rechte Licht zu setzen!

MERKUR. So könnten freilich, mit den Jahren,
    Sie manche schöne Unze Weihrauch sparen!   (20)
    Noch hat ein Dichter aus Athen, ein heillos Haupt,
    Auf dich und deine Weltregierung — nein, ich hätt' es nie
    Ein giftig schmähendes Libell verfaßt!   [geglaubt —

JUPITER. Ist Witz darin?

MERKUR.   Ja, ich vermuthe fast!
    Man liest und lobt es sehr — du mußt den Kerl bestrafen,
120   Und exemplarisch, hörst du? Nimm nur'n rechten Blitz,
    Wenn du für seinen boshaft biß'gen Witz   (21)
    Ihn niederschmetterst, Zeus, vom Himmelssitz!

JUPITER. Ei, bist du klug, mein Sohn? das wär' was nütz'!
    Nein, nein, du magst es mir mit ehestem verschaffen,
    Es soll damit uns Momus bey der Tafel
    Der andern Götter trübe Stirn erheitern,
    Die ohnedies zu sehr oft Trübsinn plagt!

MERKUR. Bedenkst du aber auch? —

JUPITER.   Es bleibt, wie ich gesagt!   (22)
    Du siehst, Merkur, daß du es mir verschaffst!

MERKUR *(verdrüßlich).*   Gut, gut!
130   Nimmt's der Herr Vater unter seinen Hut,
    Ich kann es unter meinem auch schon lassen:
    Blitz aber, wär' ichs nur: ich wollt' ihn anders fassen!
    Kein Ziegel blieb dem Kerl auf seinem Dach!

JUPITER. Gemach, mein Sohn, gemach, Merkur, gemach!
    Man setzt auch gleich so Erd' und Himmel, ohne Ueberlegung,   (23)
    Um einen armen Schlucker in Bewegung!
    Jetzt geh', mein Sohn, es rufen dich Geschäfte andrer Arten:
    Ich will dich dort im Porticus erwarten!

DRITTER AUFTRITT.

Das Innere des Hauses.

Alkmene, von ihrem Kinde und ihren Sklavinnen umringt, in ihren
Händen den erhaltenen Schleier, den sie so eben aus einander schlägt.

ALKMENE. Wo ist der Sosia geblieben, der
140   Den Schleier uns gebracht hat?

EINE SKLAVIN. Irr' ich nicht, (24)
In der Küch': es pflegt am Heerde sein, mit Speis' und Trank,
Die Schaffnerin des Hauses, Damokleia!

ALKMENE. Gesegnet seyen mir des Bothen Füße,
Die unter'm Thor mit solcher Botschaft klingen!
Ihm soll das Haus das schönste Gastgeschenk entgegen bringen:
Es thue Gastfreiheit, im schönsten Lauf,
Für ihn den langgesparten Vorrath auf!

DIE SKLAVIN. Zwei Parasiten auch sind kurz drauf eingetroffen:
Steht auch für diese heut der Vorrath offen? (25)

150   ALKMENE. Wie heißen sie? und sind sie mir bekannt?

DIE SKLAVIN.
Sie werden Schatten nur und Licht vom Volk genannt.

ALKMENE. Ich kenn' sie, als ein Paar kurzweilige Gesellen:
Man soll mit Speis' und Trank auch sie zufrieden stellen!
Wo sind sie?

DIE SKLAVIN.   Unten in der Speisekammer,
Bei'm Koch Doriskus!

ALKMENE.   Also schon an ihrem Platz? (26)

DIE SKLAVIN.
Der Vierte wird wohl auch nicht lang mehr außen bleiben!

ALKMENE. Wer ist der Vierte?

DIE SKLAVIN.   Thraso, der Soldat.

ALKMENE. Der Prahler!

DIE SKLAVIN.   Da die Nacht so lange währte,
Erbot er mit den Parasiten sich zugleich
160   Dem Sosia, für den Amphitruon besorgt schien, (27)
Schnell in verstärkten Märschen nachzueilen,
Damit im Finstern ihm kein Unfall zustieß.

ALKMENE. O armer Sosia, da warst du schlecht berathen!

DIE SKLAVIN. Doch, scheint es, haben sie sich unterwegs verfehlt!

ALKMENE. So trafen sie sich hier zuerst im Hause?

DIE SKLAVIN.   Nein,
   Noch nicht! Noch sitzen sie getrennt durch Küch' und Speise-   (28)
                                       kammer.

ALKMENE. Ich will sie sprechen! — Bringt sie alle drei!
            (Die Sklavin ab.)

ALKMENE *(zu den Uebrigen).* Ihr aber, meine Sklavinnen, hört an!
   Drei Tag' lang soll das schnelle Webschiff feiern;
170   Drei Tag' lang klinge nur der Klang von schönen Leiern;
   So lang' auch ruh' die flüchtge Spindel aus!
   Denn dieses sei der Freude Zeichen diesem Haus,
   Daß ihm das schönste aller Erdengüter,   (29)
   Daß wieder worden ist ihm ein Gebieter!
      (Die Sklavinnen mit einer Verneigung ab.)

ALKMENE *(auf Amyntichus zugehend).*
   Ja freue dich mit mir, mein Kind, du wirst
   Den Vater, den verlornen, wiederhaben!

KIND. Hat mir der Vater auch was mitgebracht?

ALKMENE. Nein, Kind!

KIND.   Das ist nicht gut! Ich wollt', er schickte   (30)
   Mir einen Helm von dem erschlagnen Feind!

180   ALKMENE. Du wirst gewiß ein ganzer Kriegsmann noch!

KIND. Ich weiß wohl, Mutter, daß du mein nur spottest:
   Doch laß mich nur erst größer werden! —

ALKMENE.   Ihr
   Spielt, wie ich hör', ja die Zerstörung Troja's?
   Es war ein recht Getümmel auf dem Hof,   (31)
   Als gestern ich vom Söller niederstieg!

KIND. Die Griechen hatten sich zurückgezogen:
   Achill saß bei den Schiffen, vom Gefecht
   Entfernt —

ALKMENE.   Und wer von Euch ist denn Achill?

KIND. Ich selbst!

ALKMENE.   Nun freilich wohl! das konnt' ich gleich vermuthen!   (32)
190   Wer könnt' es anders seyn! —

KIND.   Nicht wahr? Wenn nur
    Der Hektor auch ein wenig besser wär'!
    Der kleine Sklave Davus stellt ihn vor;
    Es bringt zu wenig Ehr', in Troja's Kriegen,
    Solch einen schlechten Hektor zu besiegen!
    Auch mit der Chrysis, Mutter, ist's nicht recht!

ALKMENE. Was fehlt denn der?

KIND.   Ich hab's ihr hundert Mal,   (33)
    Und hundert Mal gesagt, Gesicht und Arme
    Vom Staub der Mühle reinlich sich zu halten!

ALKMENE. Nun, billiger ihr etwas anzusinnen,
200   Kann keine Sklavin von Achill erwarten!
    Was schützt des Brises schöne Tochter vor?

KIND. Bald dies, bald das! Bald muß sie ihrer Mutter
    Zur Hand — was weiß ich — in der Küche seyn,
    Bald wiederum ihr helfen Mehl bereiten! —   (34)

ALKMENE. Nun die Entschuldigung ist, dächt' ich, gültig!
    Die Helden wollen doch vor Troja essen;
    Und da ihr selbst euch nicht das Essen kocht,
    So wie es Hektor und Achill gethan:
    So müßtet ihr den andern Dank es wissen,
210   Daß sie euch liebreich diese Sorg' entnehmen!

KIND. Das gieng' auch noch! Allein, mit wem am wenigsten
    Von Allen anzufangen: das ist Andria,
    Das alte Weib des Sklaven Sosia,   (35)
    Die ich zur Hekuba mir auserwählt:
    Ich weiß nicht, Mutter, ob ich es dir schon erzählt?

ALKMENE. Was, liebes Kind?

KIND.   Als ich den Hektor jüngst
    Erlegt, und um die Mauer schleppen wollte:
    So ließ sie es bloß deshalb nicht geschehn,
    Und machte viel' und große Hindernisse,
220   Daß Davus nicht sein neues Wamms zerrisse!

ALKMENE. Bloß deshalb nicht? Nein, das ist unerhört!   (36)

KIND. Auch sag' ich dir, wenn das noch lange währt:
    Wird mir zuletzt das ganze Spiel verdrüßlich!

3

Was mich nur freut, ist, daß der Sosia
Nun wiederum in's Haus zurückgekommen ist:
Er hat mir auf der Treppe schon versprechen müssen,
Den König Priamus zu übernehmen!

ALKMENE. Da ist die Rolle trefflich ja besetzt;
    Da wird gewiß der Anstand nicht verletzt,   (37)
230   Wo einen Priamus ein Sosia macht!
    Und hast du mir denn gar nichts zugedacht?

KIND *(ihr die Hand reichend)*.
    Du bist ja meine Mutter Thetis; weißt du nicht?
    Die, wenn Achill am Meeresufer sitzt und weint,
    Aus grauem Meer zu trösten ihm erscheint —

ALKMENE *(die ihn in ihre Arme schließt)*.
    Mein holdes Kind! O möge nimmer doch
    Dich dieser jugendliche, schöne Ungestüm   (38)
    Zu weit verleiten! Mögtest du doch nie,
    Wie jener, seine Mutter zwingen, ein zu früh
    In dir entrißnes Kleinod zu beweinen;
240   Nie gleiches Schicksal dich mit ihm vereinen! —
    Jetzt geh', mein Kind, zu König Priamus!
    Du wirst ihn in des Hauses Küche finden,
    Wo er mit Speis' und Trank sich gütlich thut,
    Und, bei des schönen Kohlenbeckens Glut,
    Sich auf den Rauch von Ilion bereitet;
    Geh' — findest du ihn dort, umringt von Köchen: (39)
    So meld' ihm, deine Mutter will ihn sprechen.

KIND. Dies, beste Mutter, soll sogleich geschehn! *(ab.)*

ALKMENE. Das ist dein Heldengeist, Amphitruon!
250   Er lebt auf's Neu' in diesem Knaben auf,
    Zu Hellas Ruhm, zu seiner Mutter Lust,
    Die ihn mit Stolz an ihren Busen drückt;
    Denn mehr als du noch werd' ich mein ihn nennen,   (40)
    Und deiner Lieb' ihn streitig machen können,
    Da ich es war, die ihn allein erzog;
    Indessen dich der Ruhm in's Schlachtfeld zog,
    Wo du die Schlachten Thebens heldenmüthig fochtest,
    Und deines Vaterlandes Feinde unterjochtest:
    O schöner Tag, bringst den Gemahl mir wieder,
260   Und steigst mir als ein Fest der Götter nieder!

VIERTER AUFTRITT. (41)

Damokleia. Hinterher Doriskus der Koch, mit den beiden Parasiten.

ALKMENE *(ihr entgegen).*
 Gut Damokleia, daß du kömmst! — Nun Mütterchen,
 Sind unsre neuen Gäste auch recht wohl bewirthet?

DAMOKLEIA. Befrag' sie selbst! Dort bringt Doriskus sie;
 Der meinige verweilt noch in des schönen Hauses Küche:
 Ich komm' nur, um Erlaubniß zu erbitten,
 Von dir, mein holdes Kind, für ihn zwei Flaschen   (42)
 Des alt-balsam'schen Steinwein's zu entsiegeln.

ALKMENE. Die ist dir unerbeten längst ertheilt!

DAMOKLEIA. Man fragt doch lieber zu! *(mit Geschäftigkeit ab.)*

ALKMENE.   Sieh da, Doriskus!
270 Nun, wie ich seh', hast du ja auch schon wieder Zuspruch!
 Sind das die Parasiten Licht und Schatten?

LICHT. Zu dienen, edle Frau! Ich hier bin Licht.   (43)

SCHATTEN. Ja, und wo Licht ist, wißt ihr, ist auch Schatten!

ALKMENE. Was macht Amphitruon? Und warum hat
 Er sich von euch getrennt? das mögt' ich wissen!

SCHATTEN. Mich, edle Frau, wird er nicht sehr vermissen,
 Denn, wo'r mit seinem Schwerdt nur hintritt, ist ein Schatten!

LICHT. Doch mich um desto mehr!   (44)

SCHATTEN.   Schweig, Licht, dich vollends gar nicht!

LICHT. Was? bin ich nicht das Licht in der Versammlung?

280 SCHATTEN. Und bin ich nicht vom ältesten Geschlecht,
 Zu dem Achill und Hektor auch gehört?

DORISKUS. Du?

SCHATTEN. Freilich! Sag, was ist wohl in der Unterwelt Achill? (45)

LICHT. Ein Schatten!

SCHATTEN.   Und was Hektor?

DORISKUS.   Auch ein Schatten!

SCHATTEN. Und Agamemnon?

LICHT.   Nun, ein Schatten ebenfalls!

SCHATTEN. Und folglich! Schatten sind sie allzumal,   (46)
 Und was sie sind, das müßt ihr erst noch werden;
 Und was ihr werden werd't: das bin ich schon!

LICHT. Licht ist das erstgeborne Kind der Götter!

SCHATTEN. Gelogen, Schatten ist um einen Tag noch älter!

290 LICHT. Ja ja, was wahr ist; Schatten ist mein ältrer Bruder!

ALKMENE. Nun wechselt dir, Doriskus, auch der Dienst,   (47)
 Und häufiger wird deine Gegenwart
 Der Heerd, der Küche schönes Feuer fordern!

DORISKUS. Das ist mir eben recht, bei'm Jupiter!
 Nichts Leid'gers doch, als eine ausgestorbne Küche!
 Ich lob' es mir, wo voll die Tische stets besetzt sind;
 Wo Kuchen stets in schönen Pfannen steht;
 Stets Fleisch am Spieße zischt; stets Fisch auf Kohlen brätelt!

LICHT *(traurig)*. Ja ja — das ist der Vortheil einer großen Küche: (48)
300 O wie beneid' ich Euch um solchen Stand!

SCHATTEN. Oft sah ich es recht mit Verwunderung,
 Wie so geehrt vor allem Volk ihr seyd,
 Geliebtester Doriskus! So zum Beispiel,
 Erscheint ihr auf dem Markt — umgiebt Euch Alles,
 Will Euch bedienen, drängt sich um die Kundschaft;
 Wurststopfer schütteln Euch die Hand und rufen:
 „Wie geht's? wie steht das Leben, Herr Doriskus?   (49)
 „Braucht ihr, es anzufrischen, etwas Wurst?
 „Befehlt, hier ist ein angeschnitt'nes Probstück!" —
310 Fischhändler rufen Euch entgegen: „guten Tag,
 „Ei, Herr Doriskus, habt's doch nicht so eilig!
 „So wartet doch, bis man Euch einen Aal
 „In eures Mantels schönen Zipfel bindet!"
 Die Vogelfänger bleiben auch nicht nach:
 Sie zupfen Euch im Weggehn noch am Ermel;
 Sie schreien Euch ins Ohr: „pst, Herr Doriskus,
 „Der alten Kundschaft wegen, nehmt von Unsereinem   (50)
 „Doch auch etwas zum Angedenken mit,

„So ein Paar fette Krammetsvögel, oder Drosseln!"
320 — Und zwar mit Recht verehrt Euch so der Markt —
„Die Eier taugen nichts!" ruft so Doriskus:
So ist's ein Donnerwort — und Niemand kauft —
Denn eu'r Geschmack ist Unser Aller Richtschnur!

ALKMENE. Bringt ihr mir sonst noch einen Auftrag mit,
Wovon in meinem Brief hier nichts enthalten ist?

LICHT. Nur einen. Er betrifft den Koch Doriskus. (51)

SCHATTEN. Und ist bereits an diesen ausgerichtet!

DORISKUS. Aufs pünktlichste. Es heißt Amphitruon,
Mein Herr, für einen Opferstier auf Morgen,
330 Und eine Mahlzeit für das Volk mich sorgen.

ALKMENE. Sieh, da kommt ja auch unser Sosia!

FÜNFTER AUFTRITT. (52)

*Damokleia. Sosia I. Die vorigen. Licht und Schatten,
der Schaffnerin und ihrem Begleiter entgegen.*

SCHATTEN. Ei, ei, Herr Sosia, sieh da! willkommen!

LICHT. Wie geht's, wie steht's? Frisch auf den Beinen?

SOSIA I. Wie ihr seht!
Und ihr?

LICHT. So leidlich! Etwas noch vom Wege angegriffen!

SCHATTEN. Die Ursach ist, Licht macht sich nicht genug Bewegung! (53)

LICHT. Nicht g'nug Bewegung? Güt'ge Götter, wißt,
(auf Schatten deutend.)
Drey Mal des Tag's hier geh' ich 'rum um diesen Schmeerbauch,
Und das nun nennt ihr noch nicht g'nug Bewegung, hm?

SOSIA I. In meinem Auftrag an Doriskus ist
340 Der Herrn mit ein Paar Worten auch gedacht!

LICHT *(neugierig).* Wie?

SOSIA I. Schlimm genug! (54)

SCHATTEN. Ei, laß doch hören!

SOSIA I.   Also spricht
    Amphitruon, mein Herr, durch meinen Mund:
    „Geh', meld' Alkmenen meinen Gruß in Theben:
    „Ich träfe noch heut Abend selber ein:
    „Dem Schurken aber, dem Doriskus, sollst du melden —

DORISKUS. Nein, so hat nun und nimmermehr mein Herr gesagt.

DIE PARASITEN.   So hat er nicht gesagt, nein wir bezeugen's!   (55)

SOSIA I. Euch stopft der Koch das Maul: drum habt ihr's Schweigens!

DAMOKLEIA. Fahr fort!

350 SOSIA I. „Er mögte sich auf funfzehn Opferstiere,
    „Zum Essen für die drei Theban'schen Stadtquartiere;
    „Auf hundert Schaf', zwölf Widder, und für Lichten
    „Und Schatten, kämen sie — auf hundert Prügel richten.

LICHT. Das ist die giftigste Verläumdung, die!   (56)

SCHATTEN.   Und ohne Grund!

LICHT. So 'was kömmt niemals aus des guten Herren Mund!

SCHATTEN. Nein, dazu kennt er seine Freunde, und vergißt —

LICHT. Nie, was ein Licht —

SCHATTEN.   Ein Schatten —

DORISKUS.   Und ein Mundkoch ist!   (57)

DAMOKLEIA.
    Was? Hundert Schaf? das ist beinah ja 'ne ganze Heerde!

LICHT. Und hundert Prüg'l — s' ist mehr, als zu 'ner Tracht gehörte!

360 SOSIA I. So theilt sie unter Euch!

DORISKUS.   Ein Schurk' ich? Element!

SCHATTEN. Ich werde schwarz vor Gall'!

LICHT.   Licht ist entbrennt!   (58)

SCHATTEN. Licht ist entbrennt! Gebt Acht, nun kömmt die Klarheit!

LICHT. In zweier Zeugen Mund besteht die Wahrheit!

ALKMENE. Wem soll ich glauben?

LICHT. Uns — wir gingen später aus!

SOSIA I. Mir — denn ich brachte dir den Brief in's Haus —

DAMOKLEIA. (59)
Schweigt! — Weder Einem noch dem Andern! — *(zu Alkmenen.)*
So hören wir erst Thraso den Soldaten!

SOSIA I. Sein Zeugniß gilt nichts, da bekannt sein Prahlen!

LICHT. Es gilt! Kommt, binden wir uns unter die Sandalen!

370 DORISKUS. Sprecht erst, ihr Herrn, noch in der Küche vor!

LICHT. Dann fort zum Thraso! (60)

DORISKUS. Fort zu Thais Thor!
(mit den Parasiten ab.)

SECHSTER AUFTRITT.

Alkmene. Damokleia. Sosia I.

ALKMENE. Wir sind allein — nun, rede Sosia!
Ist mit den funfzehn Opferstieren das
Ausdrücklich so Amphitruons Befehl?

SOSIA I. Ausdrücklich! (61)

DAMOKLEIA. Mit den hundert Schafen auch?

SOSIA I. Auch!

DAMOKLEIA. Und mit den zwölf Widdern?

SOSIA I. Ebenfalls!
Und was du noch nicht weißt, mit Tagesanbruch,
Besteig' ich des geehrten Kadmos Burg,
Die halbe Stadt zum Gastmahl einzuladen,
380 Hierher in's schöne Haus Amphitruons; (62)
Die Reicheren, auf Wein und Sesamskuchen;
Die Aermeren, auf Linsen, Brodt und Mehl.

DAMOKLEIA. Nun wahrlich, ist auch dies Amphitruons Befehl:
So hat sein Sinn indeß sich sehr verändert!

SOSIA I. Ja ich, so wie mein Herr, sind beide sehr verändert!

DAMOKLEIA. Auch du? Worin besteht denn deine Aenderung?

SOSIA I. Mit Worten zu beschreiben, hält es schwer; (63)
    Doch sag' ich Euch: ihr würdet tief erstaunen,
    Begriffet ihr den ganzen Unterschied,
390   Der zwischen jenem alten Sosia,
    Und diesem neuen anzutreffen ist!

ALKMENE *(lächelnd)*. Doch, Sosia, in dieser Prahlerei,
    Find' ich den alten ziemlich eben wieder!

SOSIA I. Ihr täuscht Euch selbst, und wißt die Täuschung nicht!
    Bei'm Jupiter, es ist kein größ'rer Unterschied,
    Der zwischen Sosia sich und Merkur, (64)
    Als zwischen mir und jenem Sklaven sich
    Befindet, der einst euer Diener war!

ALKMENE. Und auch Amphitruon ist so verändert?

400 SOSIA I. Als säh't ihr heute ihn zum ersten Mal!

DAMOKLEIA. Wird Er durch Eifersucht uns nicht mehr quälen?

SOSIA I. Was Eifersucht? Er fürchtet nichts so sehr,
    Als daß auf ihn die Eifersucht sich wende! (65)

ALKMENE. Wie kömmt unwürdig ihm solch ein Verdacht?

SOSIA I. Verdacht ist nicht, was uns Gewißheit bringt!

ALKMENE. Gewißheit? Du wirst immer räthselhafter!

DAMOKLEIA. Ist in dem fremden weit entfernten Land
    Uns seine Liebe etwa abgewandt?

ALKMENE. So wird es seyn! — Nun frag' und forsch' nicht weiter: (66)
410   Sey still, mein gutes Mütterchen, und laß
    Die dunkle Hüll' auf meiner Seele ruhn!
    Denn wär's auch so — sieh, gute Damokleia:
    Wir müßten's dennoch nehmen wie es ist!
    Vergänglich ist die Lieb', und hier und da,
    Flieht sie von Einem zu dem Andern über:
    Heut ist sie dem, und Morgen jenem nah,
    Und flüchtig, wie sie kam, ist sie vorüber:
    Längst hab' ich dies gewußt, und nie gewollt,

    Daß die Gestalt bei mir sie ändern sollt':   (67)
420   Nein, ihres Unbestandes mir bewußt,
    Hab' ich ihr anders nie in meiner Brust,
    Als einem schönen Gaste, Raum gegeben,
    Von dem getrennt wir sind im weiten Leben.
    Durch weisen Rath in Thebens Volk geehrt,
    Hat frühe schon der Vater mich gelehrt,
    Mit Maaß mich zum Besitz der schönen Güter zu bekennen,
    Die Niemand auf der Welt sein Eigenthum mag nennen;
    Und will die Liebe nun auch von uns Abschied nehmen:
    Wir wollen, statt uns thörigt zu zergrämen,   (68)
430   Nur inniger, die Sehnsucht zu versüßen,
    Das holde Kind an unsern Busen schließen,
    Das schöne Pfand, das wir aus bessern Tagen,
    Zum Angedenken einst davon getragen;
    Und wenn's geschieden seyn nun muß und soll,
    Mit Ruhe zu ihr sagen: fahre wohl!

DAMOKLEIA. O einem Gotte gleichest du an Fassung!

ALKMENE. Nein, gute Damokleia, schmeichle nicht!
    Nur menschlich nehm' ich, was sich menschlich fügt,   (69)
    Und thörigt ist, wer Untreu anders achtet!
440   Jetzt geh', und melde mir dem Koch Doriskus:
    „Es blieb indeß bei einem Opferstier." —
    Ist dies geschehn, harr' ich im Vorsaal dein:
    Du sollst mich mit dem Schleier schmücken helfen:
    Ich will darin Amphitruon empfahn! —
    Indeß verplaudr' ich hier mit Sosia
    Von dem Gemahl' noch ein'ge Augenblicke! — *(im Abgehen.)*
    Und ihr, o Götter, die ihr schützt ein freundlich Lieben;
    Laßt keinen Unfall heut dies Haus betrüben! *(mit Sosia I. ab.)*   (70)

SIEBENTER AUFTRITT.

Damokleia. Hinterher Doriskus und die Parasiten.

DAMOKLEIA *(hinter die Szene rufend)*.
    Doriskus!

DORISKUS *(mit den Parasiten auftretend)*.

DAMOKLEIA *(zu den Letztern).* (71)
         Seyd ihr auch noch da? *(zu dem Koch.)* Ein Wort!
450 *(zu den Vorigen.)* Ich glaubt' euch lange schon zu Thraso fort.

LICHT. So eben sind wir im Begriff und nah'n der Thür!

DAMOKLEIA *(zu Doriskus).* Es bleibt indeß bei einem Opferstier! *(ab.)*

DORISKUS. Es wär' auch ohnedies dabei geblieben! (72)
  Ich richte ganz nach Euch mich in der Zahl der Schüsseln:
  Der Grobian! Was? Einen Schurken mich zu heißen?
  Euch aber dank' ich, Freunde, daß vorhin
  Ihr Euch so warm hier meiner annahmt!

LICHT.   Schuldigkeit!
  Sonst nichts, sonst nichts, mein lieber Herr Doriskus!

DORISKUS.   Freilich!
  Fest mit dem Koche steht und fällt der Parasit! (73)
460 Nicht immer war's hier so, ihr könnt mir's glauben:
  Ein'n solchen Ueberfluß von Wein und Trauben,
  Von schönen Dattelfrüchten, Fleisch und Tauben:
  Nicht immer sah man ihn auf Thebens Markt!

LICHT. Wir wissen's, o wir wissen's, lieber Herr Doriskus!

DORISKUS. Und wem verdankt ihr's, daß, für Arm' und Reich',
  Nun da sind Victualien in Menge,
  Daß in des schönen Federvieh's Gedränge, (74)
  Man fast ersticket!

SCHATTEN.   Ei, wem sonst, als wieder Euch!

DORISKUS. Nun 's freut mich, daß auch dies von Euch bemerkt ist:
470 Ja, seht, ich bin's, durch den die Zufuhr hier verstärkt ist!
  Neunzehn Jahre sind es nun, mit verfloßnem Weinmond eben:
  Seht, da führte mich das Schicksal her von Sicyon nach Theben:
  Ganz erbärmlich gieng es damals, Freunde, zu in diesem Neste:
  Niemand, der Pasteten backte, Niemand, welcher einlud Gäste!
  So mit ganz gemeinem Essen stets gewohnt vorlieb zu nehmen, (75)
  Kannten sie vom Hörensagen kaum noch Eiermilch und Cremen;
  Kohl, ein Schnitt gemeines Speck, das man an den Haken hängte:
  Seht, das war's, worauf sich damals noch die Kochkunst hier be-
                          schränkte.

Darum lebt' ich unbekannt lang' auch diesem rohen Volke;
480   Denn Minerva selbst verhüllte mich in eine Garküchwolke,
In der Vorstadt, wo ich Schiffern, aus gemeinen irdnen Töpfen,
Mittags pflegte Zugemüs' und kleine Bratfisch' einzuschöpfen:
Nun das gieng, so lang wie's gieng denn, bis es sich ein Mal so
           fügte,
Daß der König eine Schildkröt' aus Siciliens Häfen kriegte: (76)
Und von seinen Köchen Niemand war, der sie bereiten konnte:
Damals zog ein Wetter auf am Theban'schen Horizonte,
Denn nun brach es schrecklich auf, und war klar am Tag gelegen,
Was so Kunst als Wissenschaft einem Lande nutzen mögen;
Ja nun konnte mein Verdienst auch länger nicht im Stillen
           bleiben:
490   Bald im ganzen Volk entstand nun ein Gemurmel und ein
           Treiben:
Wo in einem Nachbarshaufen nur ein Koch den Andern sah,
Hieß es: „wär der Koch der Vorstadt, wär nur der Doriskus da!"
Und der König, der dies hörte, sandte Bothen aus an Bothen;   (77)
Auf der Diele stand ich eben — in dem Kessel kochten Schoten —
Horch, ein Klopfen vor der Thüre — Wagen wie an Wagen
           rollte —
Vor die Garküch', wo die neue Sonne Thebens glänzen sollte! —
Ja nun fiel berühmt zu seyn mir zum ehrenvollen Loose;
Denn der König selbst, nachdem er meiner Mundpastetensauce
Mit dem Löffel kaum gekostet — glaubt nur, daß ich Wahrheit
           spreche —
500   Drückte mir die Hand, und hieß mich — einen König aller Köche.
Und nun ward ich ein berühmter, großer Mann in Thebens Stadt,   (78)
Weit berühmt durch mein Gebackenes und durch meinen Citronat;
Ward zum Muster aufgestellt jeglichem geringern Koche;
Meine Krebsebutter machte in der Weltgeschicht' Epoche;
Meine Schwämme, meine Morcheln, meine Trüffeln, meine
           Pilze; — —
Ja sogar nach mir den Namen gab man einer eignen Sülze;
Sülze des Doriskus wurde nun ein Lieblingstisch der Großen;
Damals lerntet ihr mich kennen, habt Euch an mich angeschlossen,
Und im Kurzen ward ganz Theben, umgeformt der ganze Staat,   (79)
510   Durch zwei Parasiten und durch eines Mundkochs weisen Rath:
Tretet näher, mich ergreifet edeler Begeistrung Hitze:
Freunde, daß ich mich auf eure treu erprobten Schultern stütze!
Welt und Nachwelt soll es wissen, Fama weit und breit ver-
           künden,

Wo nur schöner Heerde Feuer man gewohnt ist anzuzünden;
Bei Europa's klugen Völkern, bei den nahen, wie entfernten,
Daß durch uns zuerst hier essen diese Hungerleider lernten;
Arme Schlucker, die bisher nur ihren Hunger grob gestillt,
Bis wir den Gebrauch von Wildpret Ihnen und Pastet' enthüllt! — (80)

520   Also bricht zuletzt die Sonne dennoch durch die Nebeldünste,
Die sie trüb' umhüllten, und dem wahrhaft echten Glanz Ver-
dienste,
Trotz der Neidsucht groben Hülle, lieben Freunde, glaubt mir
dies,
Ist zuletzt bei Welt und Nachwelt dennoch stets sein Sieg gewiß!

(mit den Parasiten ab.)

ZWEITER AUFZUG. (81)

ERSTER AUFTRITT. (83)

Platz vor Amphitruons Hause.

Jupiter. Merkur.

JUPITER. Merkur, nun, hast du was auf's Neu begonnen?

MERKUR. Sechs Einfäll', frisch im Kopf erst ausgesonnen!

JUPITER. Mit Licht und Schatten, mit dem Prahler Thraso — (84)
    Dem Volks- und Linsenmahl — dem Koch Doriskus —
    Dem aufgefischten Sosia und dem Bart —

MERKUR. Ihr wißt's ja haarklein!

JUPITER.   Göttergegenwart!
    Und jeder der sechs Einfäll', Sohn, ist Gold's werth!

530 MERKUR *(der die Hand hinhält)*.
    Herr Vater, nun so macht nur auch 'Mal Anstalt!
    Für Nummer Eins? —

JUPITER.   Schenk' ich dir die Plejaden! (85)

MERKUR. Für Nummer Zwei! —

JUPITER.   Steck' ein das Siebengestirn!

MERKUR. Und Nummer Drei! —

JUPITER.   Ist den Orion werth!

MERKUR. So schweig' ich lieber von den andern Nummern,
    Und mäß'ge meinen Witz —

JUPITER.   Wie so? (86)

MERKUR.   Ihr fragt?
    Der halbe Sternpol ist ja schon in meiner Tasche,
    Herr Vater, wenn ich Euch durch Witz noch länger überrasche;
    Ob gleich des Himmels und der Erde mächt'ger Gott:
    So machtet ihr zuletzt an Sternen gar bankrott!

540 JUPITER. Wie steht es mit dem Schleier?

MERKUR.   Abgegeben!

JUPITER. Werd' ich erwartet?   (87)

MERKUR.   Diesen Augenblick — so eben!

JUPITER *(schleunig in's Haus).*

MERKUR *(ihm nachblickend).* Beglückter Jupiter! Es winken die
    Gestirne dir verstohlnen Beifall zu:
    Die Nacht verlängert sich zu süßer Ruh;
    Aus ihrem Wolkenschleier traulich lacht
    Die Freundin Luna: freue dich der Nacht!
    Doch sieh! Wer nah't sich dort mit der Laterne?
    Bringt Sosia den Schleier aus der Ferne!   (88)
    Er ist's! Dies kleine Abentheu'r vergnügt mich heut:
550   Ja komm nur, komme, dein Empfang ist schon bereit!
        (tritt etwas in den Hintergrund zurück.)

ZWEITER AUFTRITT.

Sosia I. und Sosia II. der mit der Laterne auftritt.

SOSIA II. O drei Mal doch beklagenswerth,
    Wer ohne Maulthier, ohne Pferd,
    Verreisen muß in weiter Ferne!
    Und dem nun ausgeht die Laterne!
    Ein Glück nur noch, daß mir die meine brennt!   (89)
    Doch schlimm sieht's droben aus am Firmament;
    Die liebe Sonne, der liebe Mond,
    Sie sind des Scheinens ganz ungewohnt!
    Hui! wird das auf dem Erdball nun ein Leben
560   Für Licht- und Kerzenhändler geben:
    Ich sehe gar nicht hin darnach! —
    So werde du am blauen Himmelsdach,
    O großer Bär, da doch ein bischen wach!
    So schwer mir's ankömmt, hörst du, werd' ein wenig strahlen-
    Landstraßen zu erleuchten und die Wege,   [rege,   (90)
    Damit ein armer Schelm, der hier im Dunkeln irrt,
    Nicht ganz zerstoßen und zerschlagen wird!

Er hört mich nicht, der Tölpel der!
Ja was ein Bär ist, bleibt doch stets ein Bär!
570   So wollt' ich gleich, Herr Jupiter käm' raus,
Und löscht ihn stracks, wie eine Lichtschnupp' aus!
Doch sieh! das ist ja da wohl unser Haus?
Nun wird's wohl gut seyn, wenn ich vor der Thüre
Erst meine Roll' ein wenig durchprobire!
Sei du so gut und stell' Alkmenen vor, Laterne,
Ich hier bin Sosia, und komm' aus weiter Ferne! —   (91)

(indem er sie vor sich hinstellt, und ihr einen Bückling zieht.)

Jetzt tret' ich in die Thüre — dumm!
Was sagt Alkmene? — die Latern' ist stumm!
Stumm — und ich dächte, als Soldaten,
580   Doch wäre mir mein Eintrittsbückling gut gerathen!
Meins halb auch! Ei, wenn sie nicht spricht,
Geb' ich ihr einen Siegsbericht:
Hör' an, Laterne! Brenne, Licht!
Bald wird mein Thatenglanz dich überscheinen: —
Wie wir auf einer Ebne uns vereinen;
Der Feind am Berg und wir im Thal;
Nun wird gegeben das Signal;   (92)
Hui! spricht der Reiter zu dem Roß;
Nun klingen Panzer, Stoß auf Stoß;
590   Und Helm an Helm, und Schwerdt an Schwerdt erklirrt;
Geschrie'n, gehau'n, gefochten wird:
Soldaten streiten um das Loos der Länder;
Und um das Loos der Kessel Markatender!
Wie Hagel, Schwerdt- auf Schwerdtstreich fallen:
Hier platzen Helm- und Gürtelschnallen;
Hier zischt ein Pfeil — und hier zischt eine Bratwurst:
Der hackt in Stücken den Feind, und Jener eine Cervelatwurst! —
So recht, nun bin ich in gehör'gem Feuer:
Nun hurtig, Sosia, nimm in die Hand den Schleier,   (93)
600   Begib dich damit in das Haus,
Und richte klüglich deinen Auftrag aus!
Doch halt, wer schleicht dort um die Thür?
Ein fremder Kerl? Was will der hier?

SOSIA I. Wer geht so spät um's Haus in dieser Stunde?

SOSIA II. *(indem er dem Tocht an seiner Laterne einsteckt).*
O Dieb, du nimmst die Frag' mir aus dem Munde.

47

SOSIA I. Heda, wo blieb auf ein Mal die Laterne? (94)

SOSIA II. Am besten ist's wohl, wenn ich mich entferne!

SOSIA I. *(der ihm an die Kehle greift).*
 Ha, saubrer Vogel, läßt du dich erwischen:
 Gesteh's, du kömmst, im Trüben hier zu fischen?
610 Gewiß steht dir der Sinn nach unserm schönen Gute?

SOSIA II. *(der sich von ihm loszumachen sucht).*
 Mein Freund, gehör'st du in dies Haus, wie ich vermuthe:
 So muß dies erst seit Kurzem seyn — (95)

SOSIA I.   Wie so?

SOSIA II. Weil du den alten Sosia so wenig kennst!

SOSIA I. Den alten Sosia, den kenn' ich wohl!

SOSIA II. Du kennst ihn?

SOSIA I.   O so gut, als wie mich selbst!
 Seit einer Stund' ist er in's Haus herein, (96)
 Und bringt Alkmenen einen Schleier dar,
 Den der Gemahl ihr aus dem Lager schickt!

SOSIA II. Was für ein Sosia?

SOSIA I.   Ei nun, des Davus Sohn!

620 SOSIA II. Der?

SOSIA I.   Ja! der Sklave des Amphitruon!

SOSIA II. Mit einem Wort, der alte Sosia? (97)

SOSIA I. Der Nehmliche!

SOSIA II.   Der wäre wieder da?

SOSIA I. Nun freilich!

SOSIA II.   Guter Freund, da irrst du dich!

SOSIA I. Ei Narr, ich werd' es doch wohl wissen, ich!
 Ich bin ja selber dieser Sosia!

SOSIA II. Du? (98)

SOSIA I.   Freilich!

SOSIA II.   Immer lustiger, ha ha!

SOSIA I. Was ficht den Narren so mit Lachen an?

SOSIA II. Was ich vor Lachen dir kaum sagen kann! *(lacht noch heftiger.)*
 Hör' an, ein Wunder, Freund, begiebt sich hier!
630 Ein zweiter Sosia ist vor der Thür;   (99)
 Auch, wie er sagt, des Davus Sohn;
 Und auch ein Sklave des Amphitruon;
 Der, an den Sohlen leicht beschwingt,
 Auch hier Alkmenen einen Schleier bringt;
 Und wenn es glückt, und wenn's sich schickt,
 Auch in dies Haus von dem Gemahl geschickt!

SOSIA I. Und dieser zweite Sosia, der mir so glich?

SOSIA II. Wenn du es so erlauben willst — bin ich!

SOSIA I. Betrüger, Dieb!

640 SOSIA II. Nun nun, gerath' nur nicht gleich so in Feuer! (100)
 Sieh, zum Beweise, bring' ich hier den Schleier!

SOSIA I. Wo ist er, zeig!

SOSIA II.   Tritt etwas näher her, an die Laterne!

SOSIA I. *(der ihm den Schleier aus der Hand nimmt).*
 Gieb her, damit ich ihn besichtige!

SOSIA II.   Recht gerne!   (101)
 (der indeß näher getreten, und seinen Tocht hervorgezogen.)
 Ihr Götter! Gebt nicht zu, daß über meine Sinne
 Ein wachend Blendwerk, daß der ungeheuerste Betrug
 In diesem Augenblick die Oberhand gewinne!

SOSIA I. Was hast du vor? was ist dir?

SOSIA II.   Nun genug!
 Komm an! Ich muß mich völlig überzeugen,
 Bis meine Zweifel siegen, oder schweigen! —
650 Ich bitt' Euch, lieber Herr, macht mir die Freud'; (102)
 Hört, habt die einzige Gefälligkeit,
 Und —

SOSIA I. Nun?

SOSIA II.   Spatziert hier so ein wenig auf und nieder!

SOSIA I. Recht gern! *(geht auf und ab.)*

SOSIA II. *(ihm mit der Laterne nachleuchtend).*
>Er ist's! Mein Wuchs, mein Gang, dieselbe Zierlichkeit;
>Dasselbe Ebenmaaß im Bau der Glieder! (103)
>'s ist richtig! — Nun mit eu'r Erlaubniß, seyd so gut
>Und lupft auch da ein wenig euren Hut!

>*(indem er ihm denselben abnimmt, mit einem neuen Anfall von Erstaunen.)*

>Wie angebrennte Stoppeln, rothes Haar!
>Kein Zweifel mehr! 's ist klar, 's ist sonnenklar!
660 Auch an den Zähnenlücken — eins, zwei, drei —
>Fehlt keine — so viel schlug mir Andria entzwei! —
>Du bist's! Ja ich erkenn' dich, Sosia!
>Dahier ist meines linken Backens Warze;
>Das ist mein Ohr, wovon die eine Hälfte (104)
>Zu Lydien am Sklavenpranger sitzt:
>Ihr Götter, mußtet ihr in die Gestalt
>Von Sosia euch denn so sehr verlieben,
>Daß ihr zwei Mal in einem Menschenalter,
>In einem Land, sie zwei Mal wiederholt?
670 O sollt' ich in der Weltgeschichte glänzen:
>Warum mich lieber ein Mal nicht ergänzen,
>Als zwei Mal mich so unvollständig schaffen? —
>Doch halt, was eben bei mir fällt!
>Nicht Jedermann ist in der Welt
>So reich, daß er sich Affen hält,
>Und ist es so gemein, wohlan,
>So nehm' ich gern und willig an, (105)
>Was ihr mir zum Geschenk erschaffen,
>Und dank' Euch, Götter, für den Affen!

680 SOSIA I. Ein Aff' ich? Schurke, fort von dieser Thür,
>Und wenn du je dich wiedrum hier
>Erblicken läß'st, auf unverschämten Füßen:
>So sollt'st du's mir mit hundert Prügeln büßen!

SOSIA II. Wohlan, ich weiche deinem Uebermuth;
>Doch glaube ja nicht, aus verzagtem Muth;
>Das glaube nicht, (106)
>Du erzverwegnes, boshaft Dieb'sgesicht!
>Ich geh' nur, um Amphitruon zu holen!
>Denn alles hast du mir gestohlen:

690 Meinen Schleier, meine Sohlen;
Meine Füße, meine Ballen;
Meine Schuhe, meine Schnallen;
Meinen Bart und meinen Hut; —
Nur nicht meinen Löwenmuth!

(wird von Sosia I. mit Prügeln fort von der Thüre getrieben.)

DRITTER AUFTRITT. (107)

Im Hause.
Andria und Damokleia.

DAMOKLEIA. Wie? Kaum ist dir in's Haus zurück der Mann:
So geht der Zank auch schon auf's Neue an!
Ei, warum hast du ihn genommen?
Nun ist der Fürwitz dir zu Haus gekommen!
Du könntest heut noch ledig seyn!

700 ANDRIA. Ich mögt' es nicht! Ein Mal muß Jede frein!
Und selbst der Aerger, selbst die Wuth
Thut bei der Heirath der Gesundheit gut! (108)
Der Ernst des Mann's; das Spiel des Knaben:
Dies Alles zeigt ja deutlich an:
Des Menschen Herz will etwas haben,
Was es sein eigen nennen kann;
Wär's nur ein Blumentopf, ein Gockelhahn;
Ein Vogel, dem den Napf man füllt zum Saufen;
Ein Stöckchen Goldlack, das man vor das Fenster schiebt,
710 Und dem man täglich frisches Wasser giebt:
Kurz etwas muß es seyn! — Der ärmste Mann,
Der Bettler noch hält einen Hund sich auf der Straßen,
An diesem seinen Unmuth auszulassen, (109)
Wird keine Thür, wird ihm kein Fenster aufgethan:
Sieh, darum nahm ich einen Mann!
Ei freilich, besser hätt' ich wohl gethan,
Der Mutter weisem Rath Gehör zu geben,
Die nie zur Heirath sich in ihrem Leben
Bethören ließ, und ledig immerdar
720 Verblieb, obgleich sie — sieben Kindern Mutter war!
Darüber führ' ich nun auch nicht Beschwer;
Doch daß er mir so wenig giebt Gehör;
Daß er, auf Tritt und Schritt, im Haus,

Wohin ich komm', mir weichet aus; (110)
Indeß er vorhin in der Küchen
Die Tochter mir mit einem Storch verglichen! —

DAMOKLEIA.

Ei nun, es ist der Storch ein klug und wachsam Hausthier;
Er sitzt den Miethzins ab uns auf dem Dach,
Und klappert einen wie den andern Tag;
730   Verwöhnten Ohren will sein Klappern nicht gefallen:
Ei freilich, singt er auch nicht, gleich Frau Nachtigallen;
Verführt nicht so, wie sie und ihre Kinder,
Ein eit'l Geschwätz, ist leider nichts dahinter; (111)
Stolziert auch nicht am Sumpf mit rothen Beinen,
Zu prahlen vor den Leuten und zu scheinen;
Nein, roth-erfroren sind ihm Bein und Nas',
Als er im kalten Sumpfe Frösch' auflas,
Und von Geziefer reinigte den Pfuhl:
So opfert er sich dem gemeinen Wohl!
740   Schlicht ist sein Regenkleid — nur schwarz und grau:
Ihm gleicht im Hausstand eine brave Frau:
Drum haben die im Hieroglyphenwesen
Längst in Aegypten ihn zum Sinnbild auserlesen!

ANDRIA. So wendest du doch stets die gute Seite aus! (112)

DAMOKLEIA. Und du bringst immer nur den Zank in's Haus:
Ich aber sag' dir dies, du sollst es merken:
Ich werd' im Unrecht gegen ihn dich nicht bestärken!
Drum hüte dich, durch Klagelaut und Zähren,
Uns heut das nah vorhandne Opferfest zu stören!
750   Jetzt geh! Ich habe Sosia hierher berufen;
Triffst du ihn etwa an der Treppe Stufen:
Hörst du, damit sich Fried' erhält im Haus: (113)
Folg' meinem Rath, und weich' ihm lieber aus!

        (Andria, die sich traurig von hinnen schleicht.)

VIERTER AUFTRITT.

SOSIA I. *(der von der andern Seite auftritt).*

DAMOKLEIA. Nun Sosia, wie von dem Oberhirten ich erfuhr:
So bleibt es dir nicht bei dem Vorsatz nur;

Du triffst zugleich auch Voranstalt auf Morgen: (114)
Die funfzehn Opferstiere?

SOSIA I.   Wird Melanth besorgen!

DAMOKLEIA. Und die zwölf Widder?

SOSIA I.   Bleiben auch nicht aus!
    Sie kommen, wie die hundert Schaf', in's Haus!
760 Und bald wirst du noch andre Dinge hören:
    Da uns geräumig nicht des schönen Ofens Röhren,
    So hab' ich bei der ganzen Nachbarschaft,
    Mir schon dazu Gelegenheit verschafft. (115)

DAMOKLEIA. Wozu?

SOSIA I.   Ei nun, zu sieden und zu braten!

DAMOKLEIA. Das nenn' ich seines Herren Vortheil schlecht berathen!

SOSIA I. Glaubst du, daß so viel Volk nicht schon was ißt und trinkt?
    Ei, wenn's sogar unglaublich dich bedünkt:
    So geh', und frag doch selbst Amphitruon!

DAMOKLEIA. Daß er mich anließ! Und was hätt' ich auch davon? (116)
770 Nein, nein — bestätigt mir es nur des Dieners Mund,
    Ist mir's genug, ich thu's den Andern kund!

(Indem sie Andria mit ihren Kindern, die sich indeß unter die Thür
geschlichen, gewahr wird.)

Was willst du, Andria? Gebot ich dir
Nicht vorhin, während des Gespräch's Entfernung?

SOSIA I. Laß sie nur da! Ob innerhalb der Thür
    Sie, oder draußen horcht: das gilt ja gleich!

DAMOKLEIA *(seitwärts zu ihr).* (117)
    So bleib! doch hüte dich vor Zank mit deinem Mann!

ANDRIA. Verlaß dich drauf! Ich will ihn auf's leutseligste empfahn,
    Und so gerecht mein Zorn ist, dennoch an mich halten!

DAMOKLEIA. Thu's! Ich indessen treff' die nöth'gen Voranstalten!

(ab.)

FÜNFTER AUFTRITT. (118)

Sosia I. Andria, sein Weib, mit ihren drei Kindern.

ANDRIA *(mit ausgebreiteten Armen auf ihn zueilend).*
780   O schöner mir, o längst erwünschter Tag!
    Bringst den Gemahl mir heim in's Ehgemach!

SOSIA I. War böse Nachricht denn von mir hier eingegangen?

ANDRIA. Ei wohl! Schon zwei Mal sagten sie, du seyst gehangen.

SOSIA I. Sieh, sieh! Wie lebtet ihr indeß? Doch wohl bethan? (119)

ANDRIA. Uns ging's, wie's Weib und Kind ergehen kann!
    Dahier die Kleinen liefen oft an's Fenster,
    Und kein Maulesel, der die Straße zog,
    Daß sie nicht riefen: „Vater, Vater kömmt!"

SOSIA I. Verbindlich! Aber mir ging's auch nicht besser!
790   Denn jeder Hahn, des frühen Dorf's Trompete,
    Bracht in's Gedächtniß, Weib, mir deine Stimme. — (120)
    Doch dabei fällt mir ein — wie sich's gebührt:
    Habt ihr indeß doch hier gut Regiment geführt? —
    Den Murner von der Feuerstäte,
    Die Hühner von des Gartenthors Stakete
    Mir abzuhalten Sorge fein getragen?
    Ja und noch eins — was wollt' ich sagen?
    Wie steht's? giebt's heuer Trauben viel und Heerling?

ANDRIA. Nein, alles haben aufgezehrt die Sperling'!

800   SOSIA I. O du drei Mal mir verhaßter (121)
    Feind der Götter, Feind der Menschen,
    Sperling, Kirschendieb, Verräther,
    Du, den keine Schlingen fahen,
    Keines Lockheerds Pfeifen nahen;
    Stets zu necken, stets zu plagen,
    Folgst du Pflug und Erndtewagen;
    Kirschen und Johannisbeeren,
    Dünken gut dir zu verzehren;
    Auch behagen deinem Gaumen
810   Angepickt die reifen Pflaumen;
    Stets auch stehen die Gedanken
    Dir nach schönen Weinbeerranken!

Deine Söhne, deine Töchter:
Sie sind keine Kostverächter!
An der Dachrinn', an den Sparren,
Welch ein Piepen, Krachsen, Scharren;
An den Scheunen, vor den Ställen,   (122)
Wohnen kleine Diebsgesellen: —
Sorget ja, daß nichts verderbe!
820   Hüpfet auf die Futterkörbe!
Stehlt der frommen Hühnermutter,
Stehlt dem Hahn sein goldnes Futter!
Wetzt die Schnäbel unerschrocken
Selber nach des Tischtuch's Brocken!
Krappelt früh und krappelt spät
Euch ein lustig Hochzeitbett! —
Sperling, Sperling, du verhaßter
Feind der Götter, Feind der Menschen,
Der du meine Beeren fraß'st:
830   O wie bist du mir verhaßt!

ANDRIA. Schwer hat der Grimm auf sie dein Innerstes gefaßt:
Dich zu besänft'gen — sieh, mein lieber Mann,   (123)
Doch hier die allerliebsten Kleinen an,
Die Freude der gesammten Nachbarschaft,
Und freu' auch du dich deiner Vaterschaft!

SOSIA I. *(sie betrachtend)*. Dich kenn' ich wohl, du kleiner Narre,
Dahier an deines linken Backens Schmarre,
Du da bist Chrysis? — Davus du?

ANDRIA.   Ganz recht!

SOSIA I. Doch hier den dritten kenn' ich schlecht;   (124)
840   Er kömmt mir fremd und unerwartet;
Auch scheint er ganz aus dem Geschlecht geartet!

ANDRIA. Das dünkt mich nicht, mein lieber Sosia,
Ist deiner Aehnlichkeiten holde Spur doch da!
Dieselbe liebenswürd'ge Eigenheit,
Daß seine Augenwinkel beid'
Auf einen Nasenpunkt zusammenzielen!

SOSIA I. Was willst du damit sagen, Weib? He, was?
Ich soll doch hier nicht etwa schielen?

55

ANDRIA. Behüte! aber daß das holde Kind dir unbekannt,   (125)
850   Ist wohl kein Wunder! Als in Feindesland
    Du streitbar lagst vor Teleboä's Thoren:
    Hat seine Mutter hier in Schmerzen es geboren;
    Hör' und vernimm's, und freue drob dich, Lieber,
    Das ist der kleine Chrysososthenes;
    Komm her, mein Kind, umarme deinen Vater!

SOSIA I. Was, Chrysososthenes, was, Kleiner! lauf!
    Such dir im Werkhaus deinen Vater auf,
    Der dort die Mühle dreht, im Sklavenhaufen!   (126)

    (zu Andria, die ihm das Kind mit Gewalt zuführt.)

    Ich mag und will von ihm nichts wissen — laß ihn laufen!
860   Beklagenswerthes Schicksal des Soldaten;
    Der, treu ergeben seinem Potentaten,
    Die Welt entvölkert und verheert,
    Und dem ein Anderer indeß das Haus vermehrt!
    Mehr Kinder kriegt er, zum Ersatz,
    Als Feind' oft auf dem Festungsplatz
    Sein gut geschliffnes Schwerdt gemord't! —
    Mir hat der Zorn die Leber angezündet,
    Daß ihr nicht diese Fäuste schwer empfindet!   (127)

ANDRIA. So glaub'st du nicht, o du verstockt und blind
870   Gemüth, daß die hier deines Blutes Kinder sind?

SOSIA I. Was glauben, Weib? Ich weiß es mit Gewißheit!

ANDRIA. Was, Kürb'skopf, sprich! Was weißt du mit Gewißheit?

SOSIA I. Ei nun, daß sie Merkur mit gleichem Rechte,
    Wie ich, wohl seine Kinder nennen möchte!   (128)

ANDRIA. Daß also Davus?

SOSIA I.   Ja, und Chrysis auch!

ANDRIA. Und hier der kleine Chrysososthenes?

SOSIA I. Auch der!

ANDRIA.   Von einem Andern?

SOSIA I.   Sag es frei heraus!

ANDRIA. Von einem Andern — ich erstick' vor Bosheit!   (129)

SOSIA I. *(für sich).*
 Nun zu! So sparst du mir die Müh', dich zu erdrosseln!

880 ANDRIA. Wohlan — so bin ich auch dein Weib nicht mehr!

SOSIA I. Das wußt' ich längst schon!

ANDRIA.   Und besteh' auf Scheidung!

SOSIA I. Wann?   (130)

ANDRIA.   Morgen!

SOSIA I.   Heut! —

ANDRIA.   Jetzt! —

SOSIA I.   Diesen Augenblick!
 — Sieh Andria, erst nun gefällst du mir!
 Das ist bei weitem der gescheit'ste Einfall,
 Seit dem ein Paar wir sind, aus deinem Mund:
 Komm her, und laß dafür dich herzlich küssen! *(umarmt sie.)* (131)

ANDRIA. Verräther, wie? so willst du mich verlassen?

SOSIA I. Es scheinen Sonn' und Mond auf allen Straßen!

ANDRIA. Mir soll kein Pfand von deiner Treue bleiben?

890 SOSIA I. Ei nun, wir können ja einander doch noch schreiben!

ANDRIA. Nachdem du durchgebracht mir alle meine Habe? — (132)

SOSIA I.
 Nackt kömmt der Mensch zur Welt, und nackt geht er zu Grabe!

ANDRIA. Nachdem du selbst mein Bett vertrunken mir in Meth?

SOSIA I. So stehst du früher auf, und schläfst nicht mehr so spät!

ANDRIA. Sobald vergißt du die drei Kindlein, zur Beschwerde
 Mir auf den Hals gesetzt?

SOSIA I.   Ei, setz sie auf die Erde! (133)

ANDRIA. Zu lang' wird ohne dich mir Leben und Geschick!

SOSIA I. Nun so verkürz' es dir!

ANDRIA. Wodurch?

SOSIA I. Durch einen Strick!

ANDRIA. Verräther, Dieb! —

SOSIA I. *(zurückweichend).* So sparen wir die Ehescheidungskosten! —
900   Vergieb! Jetzt muß ich vor die Thür auf meinen Posten!   (134)
(für sich.) Nun wird's wahrhaftig Zeit, daß ich mich hier entferne;
's ist klar, sie hat's gemünzt auf meine Augensterne! *(ab.)*

ANDRIA. *(zu ihren Kindern).*
Du Chrysis, Davus! Lauft dem Vater nach!
Verfolgt ihm Tritt und Schritt! Hört, was er sprach!
Gehorcht, gespionirt! Du vor der Thür,   (135)
Du hinter! fällt was vor, bringt Nachricht mir!

   (Indem sie Jedem eine Maulschelle giebt, und es umdreht;
   dann mit Chrysososthenes auf dem Arm ab.)

SECHSTER AUFTRITT.

Platz vor dem Hause.

Electryon an die Thür klopfend, Sosia I. sie ihm eröffnend.

ELECTRYON. Ei guten Abend, lieber Sosia,
Nun, ist dein Herr, mein Eidam, wieder da?

SOSIA I. Wen meinst du? deinen Eidam, oder meinen Herrn?   (136)

910 ELECTRYON. Amphitruon!

SOSIA I. Ja so, der ist noch fern!

ELECTRYON.
Noch fern! Das wundert mich! — Es wollten Hirtenknaben,
Und andre Leut' ihn doch bereits gesehen haben!

SOSIA I. Was mich wahrhaftig Wunder nahm:
So sahen sie ihn eh'r noch, als er kam!

ELECTRYON. Dich hat er wohl hierher vorausgeschickt?   (137)

SOSIA I. Mitnichten!

ELECTRYON.   Kommst du denn von selbst?

SOSIA I.   Viel wen'ger noch!

ELECTRYON. Wie? Also weder mit, noch ohne Auftrag?
Was bringt denn sonst für ein Geschäfft dich her?

SOSIA I. Versteht sich, eins, das meinen Herrn betrifft!   (138)

920 ELECTRYON. Der Wein verwirrt dir, guter Mensch, die Zunge:
Du häufst ja nichts, als Widerspruch auf Widerspruch!
Bald ist Amphitruon noch unterwegs;
Und bald ist wiederum dein Herr zu Hause;
Bald gab Amphitruon dir keinen Auftrag;
Und bald hat einen dir dein Herr ertheilt.
Doch steh' ich da, und hör' den Narren an:
Alkmene soll mir selbst das Räthsel lösen! *(will in's Haus.)*   (139)

SOSIA I. Zurück! Für heut ist Jedem diese Thür verschlossen! —

ELECTRYON. Auch mir?

SOSIA I.   Und wenn Amphitruon auch selbst erschien:
930   So lautet mein Befehl, ihn abzuweisen!

ELECTRYON. Was sagst du, närr'scher Mensch? Amphitruon
Hieß dem Amphitruon die Thür dir weisen?   (140)

SOSIA I. Nicht anders!

ELECTRYON.   Nun, bei'm Jupiter, so ist
Der Diener hier, so wie sein Herr, nicht klug!

SOSIA I. *(der hineingeht und die Thür hinter sich zuwirft).*
Das brauch' ich ja wohl nicht mit anzuhören!

ELECTRYON. O nie erhörter, bittrer Schimpf! Er geht,
Und läßt mich alten Mann am Eingang stehn!   (141)
Was thu' ich? dring' ich mit Gewalt in's Haus?
Poch' ich noch ein Mal? Nein, Electryon,
940   So etwas wagt kein Sklav' je ungeheißen!
Sieh, der berühmt geword'ne Feldherr schämt
Sich jetzo wohl des ländlichen Verwandten!

Warum auch bin ich in die Stadt gekommen,
Wo nichts hinein mich, als Alkmene, zieht,
Und die zur Tochter angestammte Neigung!
So lebe wohl dann, du verhaßte Schwelle,
Nie wirst du mehr von meinem Fuß berührt!   (142)
Ich will zum Gastfreund Eteokles gehn:
Der wird mir Herberg' auf die Nacht gewähren.

950   Bestätigt mir von dem es nur ein Wort:
Dann Morgen mit dem Früh'sten wieder fort!
Zurück auf's Land, wo, unter meinem Dache,
Die Schwalbe friedlich wohnt; — auf seiner Morgenwache
Der Hahn, mit munterm Flügelschlage, sich erfreut,
Und selbst der Dohlenschwarm, der mir das Haus umschreit,
Nicht abgewiesen wird; da, da, wo hingereiht
Ehrwürd'gen Hauptes grau in Wolken Eichen dringen,   (143)
Die mir so oft der guten, alten Zeit,
Und bess'rer Menschen Angedenken vor die Seele bringen! *(ab.)*

SOSIA I. *(der aus dem Hause hervor tritt).*
960   Fort ist der Alte! Laß stets größere
Verwirrung uns auf Morgen vorbereiten!
Da kömmt Bybachides, der Bader, eben:
Den muß ich gleichfalls einen Auftrag geben!

SIEBENTER AUFTRITT.   (144)

BYBACHIDES *(im Selbstgespräch aus dem Schoppen hervorkommend).*
's braucht grad' nicht Mondschein alle Tag' zu seyn!
's giebt auch Gewerbe, die bei Nacht gedeihn!
Wie sie dem Dieb die Leiter hält zum Einbruch:
Verhilft dem Bader sie zu Arm- und Beinbruch!
Hm! Laß, nach den verschiednen Stadtquartieren
Doch die Patienten uns ein wenig reguliren!
970   Prötis Thor: —
Funfzehn zerquetscht an Nas' und Ohr,
Am Grabmal des Teiresias;   (145)
Der drei und zwanzigste Aderlaß —
Und, an des guten Rathes Stein,
Ein aus der Kugel gefallnes Bein —
Summa Summarum, zu den andern drei'n —
Ja das macht Zwei und Vierzig grad!
Und das ist hier bloß in der Stadt,

Und im Bezirk von Thebens Mauern;
980 Denn draußen auf dem Land die Bauern,
Die schicken erst Morgen die Wagen herein —
Wird das ein Reiten und Fahren seyn!
Bothen zu Pferd, und Bothen zu Fuß,
Nach mir, dem Theban'schen Landphysikus!
Nein Jupiter, was man auch sagen kann,   (146)
Verläßt doch niemals einen braven Mann,
Dem Ernst es ist in seinem angewiesenen Beruf!
So sind mit Patienten, zum Behuf
Für einen und des nächsten Monats Lauf,
990 Wir vollauf nun versehn — vollauf!

SOSIA I. *(ihm nachrufend).* Pst, Herr Bybachides, he, Nachbar Bader!

BYBACHIDES *(umkehrend).* Was giebt's? Sieh da, mein trauter Sosia!
Seyd uns zum schönsten aus dem Feld willkommen! (147)
Was Tüchtiges von Beute mitgebracht?

SOSIA I. Ein Paar Blessuren!

BYBACHIDES.   Sind doch gut geheilt?

SOSIA I. So, so!

BYBACHIDES *(für sich).*
  Um desto besser!

SOSIA I.   Doch mein Herr —

BYBACHIDES. Amphitruon — nun der?   (148)

SOSIA I.   Im Kniegelenk
Sitzt ihm ein Pfeil, zusammt dem Widerhaken!

BYBACHIDES. O weh, o weh!

SOSIA I.   Und darum schickt er mich zu Euch —

1000 BYBACHIDES. Der Pfeil ihm auszuziehn? — Sogleich, sogleich!
   (will in's Haus.)

SOSIA I. Jetzt nicht! Er scheu't bei Lichte die Besichtigung! (149)

BYBACHIDES. Wie ihm beliebt! So komm' ich Morgen früh!
Denn ohnedies ruft zur Akropolis
Mich eben diesen Augenblick ein Beinbruch! *(ab.)*

SOSIA I. *(ihm nachrufend).* Geleiten doch die Götter deine Füße,
    O edler Mann du, über jedes Steines Anstoß,
    Der du so treulich für die unsern sorgst! —
    Doch sieh! — Was ist denn da schon wieder los!   (150)
    Was? — Licht und Schatten? Und mit Hellebarten?
1010   Und Thraso auch? — Die will ich oben doch vom Dach erwarten!

        (ab in's Haus.)

ACHTER AUFTRITT.

Licht und Schatten. Hinterher Thraso, und der Koch Doriskus.

SCHATTEN. Kommt Thraso schon, die alte Kriegskarkasse?

LICHT *(leuchtend).* Ja, seine Nas' ist nur die Ecke von der Straße!   (151)

SCHATTEN. Da ist er in ein Paar Minuten auch wohl da!

LICHT. Ich hör' ihn schrein! —

SCHATTEN.   Das ist sein Tritt; ja, ja!

THRASO *(der geharnischt hinter der Szene heranklingt).*
    Licht!

LICHT.   Holla!   (152)

THRASO.   Schatten!

SCHATTEN.   Hier!

THRASO.   Doriskus!

DORISKUS.   He!

THRASO *(hervortretend).* Gebt Meldung, ist beisammen die Armee?

LICHT. Vollzählig!

THRASO.   Doch, wo bleiben Hauptmann Brummherum und   (153)
                              Krach'?

LICHT. Sie kommen nicht, sie haben heut die Wach'!

THRASO. Nun wiederholt mir das blasphemische Gespräche,
1020   Das Sosia verführt, in Gegenwart der Köche!

SCHATTEN. Er wagt's, uns hundert Prügel anzudrohen!

THRASO. Wem?

SCHATTEN.　　Uns und Euch, dem edelsten Heroen.　　　　(154)

THRASO. Der Hund! *(seinen Degenknopf in die Scheide zurückstoßend.)*
　　　　Geduld' ein wenig noch in deiner Scheide Garnison,
　　Dich hier, mein Schwerdt! Bald kriegst du Futter nun, mein Sohn!
　　Klopft an die Thür! Meld't ihm, daß Thraso nah ist!

LICHT. Ich fürchte nur! —

THRASO *(drohend)*.　　　　Wer fürcht't, wo Thraso da ist?

SCHATTEN. Niemand! — Doch hast du, o mein Held und Herr　　(155)
　　　　　　　　　　　　　　　　　　　　und König,
　　Nicht von dem Pulver, festzumachen uns, ein wenig!

THRASO *(der ihnen ein Paar Päckel zuwirft)*.
　　Da!

LICHT. Was ist's?

THRASO.　　　　Hirschhorn und pulv'risirte Löwenklau!

1030　SCHATTEN. Was soll das aber helfen, sagt's genau!

THRASO. Gleich wie das tapferste der Landthier' ist der Leu:　　(156)
　　Wohnt Löwenmuth der Löwenklau auch bei!

LICHT. Und was hat's mit dem Hirschhorn für Bewandniß?
　　Eröffnet, lieber Herr, uns drob auch das Verständniß!

THRASO. Gleich wie das flüchtigste der Landthier' ist das Reh:
　　Dient Hirschhorn zu Retraiten der Armee!

LICHT. Herr, kann man alle zwei nicht zur Retraite brauchen,　　(157)
　　Hirschhorn und Löwenklau?

THRASO.　　　　　　Da seh' mir eins den Gauchen!

LICHT. Denn da der Leu den Hals der Hirschkuh bricht,
1040　　Muß er ja schneller seyn im Lauf noch, meint ihr nicht?

THRASO. Dummkopf!

LICHT.   Meinshalb auch! Sagt nur, ist das Hirschhorn
                       recht bewährt?

SCHATTEN. Die Wunder, die es thut, sind unerhört!   (158)
    So thät Herr Thraso nur noch neulich ein Paar Stiefel mir ver-
                             kaufen:
    Sieh, Licht, da spürt' ich recht des Hirschhorns edle Kraft;
    Denn diese Stiefel waren dir vom Schaft
    Bis auf die Sohlen rein, rein abgelaufen!

THRASO. Nun g'nug der Possen und der Narrentheidung!
    Und laßt bedacht uns seyn auf Angriff und Vertheid'gung!
    Klopft an! *(Licht klopft.)*

SOSIA I. *(von oben).* Wer klopft? — Was soll die Nachtmusik?   (159)

1050   LICHT. Herr Thraso ist's!

SOSIA I.   Das alte Waffenstück?
    Was will er? Kommt er, sich die hundert Prügel abzuholen?
    Juckt's ihm so sehr drum unter seinen Sohlen?

LICHT. Elendester! — O Sklav'! Ergreift dich Wuth zum Rasen?
    Dem Helden, welcher, mit dem Schatten bloß von seiner Nasen,   (160)
    Soldaten oft zu Dutzenden verjug aus feindlichen Gebieten:
    Dem wagst du, unter seiner Nas' hier, Trotz zu bieten?

SOSIA I. Nun nun, um seine Nase wollen wir nicht rechten;
    Ist sie so lang, als wie ihr sagt: nun gut — so werden wir im
                             Schatten fechten!

THRASO. Nun bricht mein Ingrimm durch die Dämme der Geduld!
1060   Laufhausisches Geschütz, Steinhagel, Katapult,
    Gift, Sarras, Dolch und Schwerdt, Brumm'rum und Mauer-   (161)
                             brecher,
    Ihr Hauptleut', all herbei!

SOSIA I.   Armseliger Großsprecher!
    Mein'st du, es fehl' uns hier im Hause auch an Waffen?
    Hört, Kuchenbecker, auf im Kuchenteig zu schaffen,
    Und schafft sogleich vom Hauptmann Brummherum
    Mir da das Antlitz zum Pastetenteige um!

SCHATTEN *(furchtsam).* Schon hör' ich Waffen nahen aller Arten!

64

LICHT. Herr, wär's nicht gut, Verstärkung abzuwarten? (162)

THRASO *(laut)*. Recht, Licht! Lauf Augenblicks zu Thais Thor!
1070   Es rücke Pyrrhus mit dem Fußvolk vor!
    Bescheid' hierher die funfzig Bogenschützen!
    Befiehl den zwanzig Reitern aufzusitzen!
    Mit ihnen soll, wie mit der Garnison aus Asiens festen Plätzen,
    Mein Sohn, der Pyrrhus, gleich in Marsch sich setzen!

SCHATTEN. Herr, Pyrrhus euer Sohn, der kann ja noch nicht laufen! (163)
    Der ist ja kaum zwölf Monat alt!

THRASO.   Nicht laufen?
    Wie, Schurke, weißt du nicht, daß, was ein echt Soldatenblut ist,
    Daß das marschirt, so wie es auf die Welt kömmt?

SCHATTEN. Ich hatt's vergessen, Herr, wenn ihr's nicht übel nehmt!

1080 LICHT. Der Lärm bricht ein! Flieh'n wir, sonst wird's zu spät!

THRASO. Richt't Euch! In Ordnung angetreten die Retrait'! (164)
    (Beim ersten Geräusch laufen alle drei davon.)

LICHT *(im Weglaufen)*. Nun flink dem Hirschhorn sich vertraut,
    Und weder links noch rechts sich umgeschaut.

NEUNTER AUFTRITT. (165)

DORISKUS *(der allein stehen geblieben)*. Die ganze Küche naht armirt!
    *(zu den Köchen und untern Küchenbedienten, die mit Feuerzangen,
    Schüreisen und andern Küchen-Instrumenten bewaffnet auf ihn einstürzen.)*

Respekt ihr Schurken, der dem Oberkoch gebührt!

SOSIA I. Schlagt zu! Schont Niemand!

DORISKUS.   Nun ich geb' mich ja gefangen!

SOSIA I. Schließt Waffenstillstand denn auf sein Verlangen!
    E r s t e r   A r t i k e l : (166)
    Verspricht auf mein Gebot,
1090   Der Oberkoch Doriskus, so viel Brod
    Und Kuchen wir vorhin für gut befanden.
    Zu backen —

DORISKUS.   Num'ro Eins wird zugestanden!

SOSIA I. Z w e i t e r   A r t i k e l :
    Verspricht der Oberkoch,
    Sich weder in der Zahl der Opferstiere, noch
    Der Schaf' und Widder, mir, dem Küchenabgesandten,
    Zu widersetzen —

DORISKUS.   Num'ro Zwei wird zugestanden!   (167)

SOSIA I. D r i t t e r   A r t i k e l :
    Nach abgeschlossener Capitulation
    Besteigt der Koch Doriskus wieder seinen Thron,
1100   Mit allen seinen Rechten und Gefällen;
    Die, über Kuchenbecker und Gesellen,
    Et caetera, er wird im selben Augenblicke überkommen.

DORISKUS. Ratificirt, so an der Küchenrauf' und angenommen!

    (mit den andern Küchenbedienten ab in's Haus.)

SOSIA I. So! Mit dem Schmause wären wir in Richtigkeit!   (168)
    Doch sieh', was nahen da schon wiederum für Leut'?
    Ei, seh' ich recht? — Wahrhaftig Sosia,
    Mein zweites Ebenbild ist auch schon wieder da!
    Ich hör' ihn kommen, seh' ihn fechten,
    Mit der Linken, mit der Rechten;
1110   Also nimmt, den Berg herauf,
    Er zum Hause seinen Lauf! *(tritt zurück.)*

ZEHNTER AUFTRITT.   (169)

Sosia I. Sosia II.

SOSIA II. *(der in einem tiefen Selbstgespräch auftritt).*
    Nein, sag' ich, alles ist ein bloßer Traum!
    Glaub' ich es mir doch selber kaum!
    Wie würde mich Amphitruon verlachen!
    Ich muß mich darum noch gewisser machen!

    (indem er Sosia I. gewahr wird.)

    Minerv' und Jupiter, nun steht mir bei!
    Da ist der widerwärt'ge Kerl auf's Neu!
    Wahr und wahrhaft mein leibhaft Ebenbild!

Und doch, so sehr mir auch die Galle schwillt, (170)
1120 Ich könnt' ihn doch mit keinem Schlag verletzen!
Hör' an, mein Freund, wir müssen uns im Guten setzen!
(ihn anredend.) Da sieh'st du nun, was über Menschen die
Blutsfreundschaft nicht vermag und Sympathie!
Ein Andrer hier an meiner Stelle,
Der prügelte dich fort von dieser Schwelle;
Ich bitte dich nur: gieb mir Licht in diesem Labyrinth!
Sag' mir's, wie's zugeht, daß wir zwei so ähnlich sind?
Sind wir von einem Sosiengeschlechte?
Und wer ist hier: Ich, oder du, der rechte? (171)
1130 Bist du das einige, alleinige und wahr,
Rein' fein' und unverfälschte Exemplar:
So sey so gut, mach mich davon auch klug;
Gieb mir von meiner Reis' ein Tagebuch!
Was ich gegessen, Speck und Kohl,
Plins' und Lins', bemerk' es wohl!
Wolle mir aller Wirthshäuser und Schenken,
Aller Becken, nebst ihren Bänken,
Aller Kneipen und Herbergen gedenken,
Wo ich gewesen in Person,
1140 Wo das beste Essen, die wenigsten Floh'n; (172)
Aller Garküchen, worin nichts gar,
Vor Rauch's der Menge kein Fenster klar,
Und an allem Uebrigen Mangel vollauf war!
Doch nein, das mit den Standquartieren
Würde vielleicht zu weit uns führen!
Sprich, als ein tapferer Soldat,
Was neulich, während des Gefecht's ich that,
Indeß im Heer die Kriegsdrommete klang?

SOSIA I. Die Leiter setztest du an einen Speiseschrank!

1150 SOSIA II. Was fand ich dort?

SOSIA I.   Ein Brod und funfzehn Eier! (173)

SOSIA II. *(für sich)*.
Mir starrt das Blut! Nein, mit dem Kerl ist's nicht geheuer!

SOSIA I. Für's zweite leert' ich einen Topf voll Feigen aus!

SOSIA II. *(für sich)*. Mir geht vor Schrecken fast der Athem aus!

5*

SOSIA I. Für's dritte! —

SOSIA II. Nun für's dritt'? — *(für sich.)* Ich bin des   (174)
Todes, wüßt' er
Auch das! Der Kerl hält über meine Sünden hier Register,
Als wär' ich's selbst leibhaftig in Person!
Der bringt mich noch um Dienst und Pension!

SOSIA I. Für's dritte gab's von rothgesottnen Krebsen da ein Schock;
Ab zog ich diesen ihren rothen Rock!

1160 SOSIA II. Und daran that ich Recht! Dies rückwärts gehende Ge-
schlecht
Ist einem braven Kriegsmann stets verhaßt, und das mit Recht;   (175)
Drum schnitt ich funfzig ihren Rückzug ab, hieb drein,
Und schloß sie dicht in meinen Magen ein!

SOSIA I. Du thatst das?

SOSIA II. Ja, doch unter uns gesagt! — denn ich gehöre
nicht zu den Soldaten,
Die — kurz ich prahle niemals gern mit meinen Thaten!

SOSIA I. Auch hast du weder was zu prahlen hier, noch zu ver-
schweigen;
Denn was ich that, that Ich — und dazu war mir auch die Voll-   (176)
macht eigen!

SOSIA II. Du also aß'st das Brod?

SOSIA I. Ja!

SOSIA II. Du die funfzehn Eier?

SOSIA I. Nun freilich!

SOSIA II. Du die Krebs'?

SOSIA I. Wer sonst?

SOSIA II. Sieh, sieh! das wär'   (177)
der Geier!
1170 Nun, nun — ich merk' wohl, meine Personalität geht hier verloren,
Und ein Mal bin ich in der Welt zu viel geboren!

SOSIA I. Dem Uebel ist leicht abzuhelfen!

68

SOSIA II.   Gott!
   So thu's doch nur, und schwatz' nicht lang!

SOSIA I. *(mit aufgehobnem Arm).*   Ich schlag' dich todt!

SOSIA II. Ein Todtschlag, pfui!   (178)

SOSIA I.   Ei was, du bist ja ohnedies ein Dieb!

SOSIA II. So wie ich bin: — so nehmt mit mir vorlieb!
   Ja — greif' ich mir in meinen Busen recht —
   Gestohlen hab' ich — das ist wahr — doch bin ich drum nicht
                                            schlecht!
   Schlecht bin ich nicht! — Was könnt ihr Weiters auf mich
                                            bringen?
   He? Sagt mir, Herr, ob, ausgenommen diesen Punkt, in allen
                                            Dingen
1180   Ich ein grundehrlich's, braves Blut nicht bin?   (179)

SOSIA I. Du bist und bleibst ein Taugenichts von Anbeginn!

SOSIA II. Ein Taugenichts? — Ich rede nichts darein!
   Die Demuth schickt sich wohl für Groß und Klein,
   Für Arm' und Reich', für Fern' und Nah'; —
   Kurz, — was ich bin, das bin ich — Sosia!

SOSIA I. Du Sosia? Erzunverschämter Spitzbub! Hab' ichs dir
   Nicht hundert Mal schon heut vor dieser Thür   (180)
   Gesagt? Ich leide keinen Narr'n hier, der mit mir
   Den gleichen Namen führt!

SOSIA II.   Nur darin denken wir verschieden!
1190   Was mich betrifft, ich bin es gern zufrieden!
   Wie Täckel, Möppel, Dächse alle Hunde heißen:
   Ei, warum soll'n denn auch zwei Sklaven hier nicht Sosien
                                            heißen?

SOSIA I. Ich will's nicht!

SOSIA II.   Nun — so sagt mir nur, bin ich nicht Sosia,   (181)
                                       wer bin ich sonst?

SOSIA I. Du? — Ein Soldat, so lang' du dich am Zeltpfahl sonn'st;
   Im Stand, beim ersten Stoß von der Trompete, gleich davon zu
                                          rennen!

SOSIA II. *(für sich).*
   Nein — meine Mutter könnte mich nicht besser kennen!

SOSIA I. Ein Dieb, ein Erzschmarotzer und ein Lecker,
Die Landplag' aller Kellner, Fleischer und Becker!

SOSIA II. *(für sich).* Da hat er Recht! (182)

SOSIA I. Ein Kerl, dem ein Schock Krebs', ein Brod und funfzehn Eier
1200   Weit mehr, als Ruhm und Ehre, bei der spätsten Nachwelt theuer!

SOSIA II. *(für sich).*
Da hat er Recht!

SOSIA I.   Ein Schurk', im Streite seinen Potentaten
Für einen Topf voll kar'scher Feigen zu verrathen! (183)

SOSIA II. *(für sich).*
Da hat er auch Recht!

SOSIA I. Mit einem Worte — ein so feiges Blut,
Daß selbst sein Weib ihn täglich prügeln thut!

SOSIA II. *(für sich).*
Da hat er wieder Recht! 's ist unerhört!

SOSIA I. Und eben drum der Prügel zwiefach werth! *(schlägt ihn.)*

SOSIA II. Da hat er Unrecht! — Nein, nun geht's an's Leben! (184)
Nein, darin kann ich ihm unmöglich Beifall geben!
1210   Halt ein! Was thust du, Sosia, bedenk!
Verlieh ein Gott dahier die Aehnlichkeit uns zum Geschenk,
Uns zwei so nahen, theuren Blutsverwandten,
Daß Zwiste so verderblich zwischen uns entbrannten?
Bei unserm rechten Ohr in Lydien;
Bei unsrer Mutter in Numidien;
So wahr sie, die uns säugte, eine Schwarze
Gewesen ist; dahier bei deines linken Backens Warze,
Beschwör' ich — bitt' ich dich — laß ab, laß ab (185)
Von meinem Rücken doch mit dem vermaledeiten Stab!
1220   Pfui, schickt sich das? ist's Sitt'? ist das erlaubt? heißt das gelebt
                              wie Brüder?

SOSIA I. Ei freilich, Narr, wir sehn uns stets mit Zank und Prügeln
                                 wieder:
Das war echtbrüderlich, von Weltenanbeginn!

SOSIA II. *(indem Jener etwas von ihm abläßt).*
Was für ein widerspenst'ger, böser Kerl ich bin,
Und wie aufsätzig meinem eignen Fleisch und Blut!

Ist dies hier nicht mein Arm? und dies mein Hut?   (186)
Und dies mein Stock? und dies hier unser Haus;
Warum denn prügl' ich selbst mich unbarmherzig aus?
Warum wohl geh' ich nicht in's Haus hinein?
Ich Tölpel! Bestie ich! ich Stock! ich Stein! *(ohrfeigt sich bitterlich.)*

1230 SOSIA I. Wart, wart; dabei kann ich dir auch behülflich seyn!

SOSIA II. Schon gut! schon gut! — ich seh' wohl meine Zweifel werden
                                      hier beschwerlich!
Auch räum' ich's ein, ich bin nun hier entbehrlich!   (187)
Der alte Sosia hat sich verjüngt,
Und ob vor Galle gleich das Herz mir drob zerspringt:
So zwingen doch, beim näheren Betrachten,
So viele gute Eigenschaften mich, dich hochzuachten;
Ja, wenn ich es bei Licht und Recht erwäge,
Ergötzt dein Abbild mich auf alle Wege!
Komm her, gieb brüderlich und Fuß an Fuß
1240 Gesetzt, mir darum einen Abschiedskuß! *(umarmt ihn.)*
Seyd Zeugen, Freunde, gute Nachbarsleute,
Du Mond, und du da glänzendes Gestirn vom Pol!   (188)
Somit entbietet Sosia, der Zweite,
Hier Sosia dem Ersten, Lebewohl! *(ab.)*

SOSIA I. Nun hurtig in das schöne Haus! Da, von dem Giebel,
Bereit' ich zu Amphitruon ein neues Uebel!

DRITTER AUFZUG. (189)

ERSTER AUFTRITT. (191)

Platz vor dem Hause.

Amphitruon II., dem Sosia II. mit einer Laterne vorleuchtet.

AMPHITRUON II. Das ist die abgeschmackteste Erzählung,
    Die jemals, im Gehirn von einem Sklaven,
    Der Rausch und Weindunst ausgebrütet hat! (192)
1250   Wer weiß, was du gesehn hast, Kerl!

SOSIA II.   Gesehn?
    Ja schön gesehn! Gefühlt hab' ich, gefühlt!
    Schaut her, hier sind die blauen Flecken noch!

AMPHITRUON II. Du bist ein Narr!

SOSIA II.   Ei was, bin ich ein Narr:
    So steht ein andrer Narr mir auch zur Seite;
    Denn hier ist alles doppelt!

AMPHITRUON II. *(drohend).*   Kerl! (193)

SOSIA II.   Ich bin verdrüßlich!
    Es ärgert mich; mich wurmt's, ich bin ein Mensch;
    Mir läuft die Gall' in's Blut — und, ist's ein Wunder:
    Ich werde, wer ich bin, doch selber wissen!

AMPHITRUON II. So sprich — wie sah die Nachterscheinung aus?

1260 SOSIA II. Wie? Schöne Frage! Sagt, wie seh' ich aus?
    He! Groß von Wuchs — schön, stattlich von Figur! (194)
    Im Kopfe ein Paar brennend schwarze Augen:
    So seh' ich aus — so sah auch Jener aus!
    Kurz die Latern' und Prügel ausgenommen:
    Sonst ist er mir in allem gleich gekommen.

AMPHITRUON II. Nun gut, ich faß' noch ein Mal die Geduld
    Dich anzuhören, Bestie! *(für sich.)* — So vielleicht
    Komm' ich am besten hinter seine Schliche —
    Nur bring's zu Ende bald und sonder Umschweif!

1270 SOSIA II. Von Teleboä durch Euch fortgeschickt, (195)
    Befiel mich ein gewaltig Grau'n; die Nacht
    War stockpechfinster, Herr; ein jeder Laut
    Erschreckte mich; die Eichen schnitten mir
    Gesichter zu; der Dornbusch hielt mich fest an meinem Kleide;
    Die Flüsse rauschten: halt ihn auf! und jeder Strauch
    Stand auf, und schien mir ein erschlagner Teleboär.

AMPHITRUON II. Kurz — kürzer, was zur Sache! Spar' die Worte,
    Was mich betrifft! —

SOSIA II.   Geduld, das kömmt sogleich! (196)
    Da rief ich laut in meiner Herzensangst:
1280   Beklagenswerthes Loos, ein Mensch zu seyn!
    Und spräch' an meinem letzten Lebenstage
    So Jupiter zu mir, wie ich nun sage:
    „Auf, Sosia, beginn' auf's Neu nun deinen Lebenslauf,
    „Und steh' als Hund, als Pferd, als Esel wieder auf!"
    Gleich spräch ich: Laß, Gebieter Himmels und der Erden,
    Mich was du willst, nur keinen Menschen werden!
    Versieh mit Krallen mich an jeder Tatze!
    Mach' mich zum Eichhorn, oder gar zur Katze! (197)
    Verläng're meine Ohr'n um ein Paar Zoll;
1290   Ich will ein Esel seyn, und ohne Groll!
    Ja thu' zuletzt mich gar in ein Futt'ral und stecke,
    Versehn mit Hörnern, mich in's Haus von einer Schnecke!
    Ich murre nicht — ich habe nichts dawider!
    — Du wunderst dich, und hast doch alle meine Brüder
    In Haid' und Feld, hast Vogel, Fisch und Affen
    Weit glücklicher, als wie wir Menschen sind, erschaffen.
    Der Esel zupft sein Bündel Heu,
    Und fühlt sich frank und froh dabei;
    Der Hund verschreibt frischweg vom Grase (198)
1300   Sich ein Recept mit kluger Nase;
    Der Has' ißt ohne Löffel seinen Kohl;
    Der Schneck' im Weißkraut es ist wohl;
    Des Treibers Pfeife kürzt die Last Kamelen;
    Harmlose, wie die Jahrszeit, fröl'che Seelen,
    Ziehn Schwalben weiter, wie der Sommer flieht,
    Und wie sie ziehn, erschallt ein frölich Lied;
    Kein Gram furcht ihre Stirn; kein Denken macht sie hager;
    Sie schickt kein Herr, kein böser Leuteplager,
    Noch spät in Nacht und Finsterniß,

1310   Von Memphis nach Persepolis,
     Und von Persepolis nach Theben,   (199)
     So wie z. B. mich hier eben.

AMPHITRUON II. Wie, Schurke, so erkühnst du dich, in meiner
  Abwesenheit, von mir zu sprechen?

SOSIA II.   Herr,
  Vor Jupiter da hab' ich kein Geheimniß!

AMPHITRUON II. Es sey drum, plaudre fort! Wer, sagst du, stand
  Als du hier ankamst, lang' schon vor der Thür?

SOSIA II. Ich!

AMPHITRUON II. Und, wer wehrte dir in's Haus den Eingang? (200)

SOSIA II. Ich!

AMPHITRUON II. Und, wer jagte dich mit Prügeln fort?

1320 SOSIA II. Ich!

AMPHITRUON II. Nein, das ist zu toll!

SOSIA II.   Das sagt' ich auch,
  — Und protestirte ganz gewaltiglich dawider!
  Allein was half's? Zuletzt da riß mir die Geduld;   (201)
  Ich flucht', ich sprudelte, und, wie ich denn
  Ein hitz'ger Kerl zeitall mein Lebtag war,
  Ergriff ich einen Stock, und kriegte mich
  Bei'm Kopf, und somit, hast du nicht gesehn,
  Herr, bläu'te mich ganz unbarmherzig ab!

AMPHITRUON II. Wer kriegte dich bei'm Kopf?

SOSIA II.   Ihr hört ja — Ich!

AMPHITRUON II. Und wer, wer bläu'te dich ganz unbarmherzig ab?

1330 SOSIA II. Nun red' ich denn nicht deutlich? Wieder Ich! (202)

AMPHITRUON II. Du?

SOSIA II.   Freilich, Ich mich Selber!

AMPHITRUON II.   Ich,
  Und wieder Ich — und was verstehst du nur darunter?

SOSIA II. Curiose Frag'! Ich weiß nicht, Herr, wie ihr mir heute
vorkommt!

Ich, wenn Ich sage Ich, so mein' Ich — Ich;

Mein eignes und wohl conservirtes Selbst; (203)

Mein Ich im Haus, nicht dies hier vor der Hausthür;

Ja, ja reißt nur die Augen sperrweit auf!

So ist's, Herr, meiner Mutter Sohn ist doppelt!

AMPHITRUON II. Und wo ist denn der Schleier hingerathen?

1340 SOSIA II. Der Schleier?

AMPHITRUON II.   Ja, den ich dir gestern gab?

SOSIA II. Den hab' ich, so zu sagen, auf die Seite, (204)

Und vor mir selbst in Sicherheit gebracht!

AMPHITRUON II. Nun ist's genug der Lügen, Sklav', halt' ein!

Auf diesen Punkt nur lenkt' ich dein Geständniß,

Vollstreck' jetzt augenblicks, was ich dir sage!

Schleich um das Haus herum! Steig' über'n Zaun,

Und öffne mir von drinnen Schloß und Riegel!

Hier scheu' ich nur Tumult und Nachbarnauflauf,

Das Weitere will ich drinnen streng beschließen. (205)

1350 SOSIA II. Ach, schmerzhaft juckt mein Rücken mir! Mir ahndet

Kein Gut's, und dennoch muß ich blindlings ihm gehorchen! *(ab.)*

AMPHITRUON II. Kein Zweifel! Klar, wie Tag, ist der Betrug!

Der Schleier kam ihm unterwegs abhanden;

Nun sann er listig sich dies Mährchen aus,

Um seine Trägheit zu beschönigen!

Vielleicht verkauft' er ihn wohl gar, der Lecker!

Und schlürfte Chierwein dafür und Kuchen; (206)

Das Stückchen sieht ihm ähnlich! Aber nur Geduld,

Geduld, mein saubrer Sosia! Du hast geglaubt,

1360 In dem Tumult des freud'gen Wiederseh'ns,

Mit diesem Streich uns listig durchzuwischen;

Du irrst, dein harr't die strengste Untersuchung! —

Was gibt's? Ein Licht erscheint auf dem Balkon;

Ist's Sosia? Er ist's, was will er dort?

ZWEITER AUFTRITT. (207)

Amphitruon II. Sosia I.

AMPHITRUON II. He, Sosia, was thust du eben dort auf dem Balkon?

SOSIA I. Ich warte, bis ein Narr vorbei geht, der,
   Was seines Thuns nicht ist, mich darnach fragt!

AMPHITRUON II. Verwegner Narr, mir eine solche Antwort?

SOSIA I. Ich bin kein Narr, obgleich man hier mich dafür ansieht;
1370   Ihr seid ein Narr, obgleich man euch nicht dafür ansieht!   (208)
   Ich sehe dümmer und ihr klüger aus, als wie ihr seyd;
   Seht, das ist zwischen uns der Unterscheid!

AMPHITRUON II. O unerhörteste Vermessenheit!
   Verruchtester von Thebens Dieben,
   Und glaubst du, ungestraft sie auszuüben?
   Bei'm Jupiter, hier schwör' ich's dir, noch heut,
   Der Teleboär Manen dich zu opfern!

SOSIA I. Nehmt Euch in Acht nur, daß man Euch nicht opfert!
   Hier ist Amphions Stätt', und manches Haus   (209)
1380   Hat seine Leier hier aus Steinen einst errichtet;
   Und noch verspüren sie die alte Kraft,
   Wie ehedem, von seines Plektrons Schlägen,
   Sich hier und dorthin munter zu bewegen!
   Die Bäume kamen aus dem Wald
   Und sprachen höflich: brauch' uns bald;
   Dem Kalk war sehr daran gelegen,
   Zu dienen gegen Wind und Regen;
   Der Mörtel angelegentlich
   Im Zuber selber rührte sich,
1390   Und war schon froh, ward er zum Koben,
   Im letzten Hofraum, nur erhoben: —
   So fügten der Musik Gesetze   (210)
   Die roh'sten Blöcke sich und Klötze.
   Geht unter diesem Dach hinweg darum,
   Ich rath' es euch im Guten, oder, Herr,
   Ihr seyd mit rothem Steinrock angethan,
   Wofern euch Phöbus Strahl nicht ganz durchscheint,
   Wenn seinen Morgengruß er Theben meldet!

AMPHITRUON II.
   Wer spricht! Mit wem? Ist irgend dies ein Zwiesprach,
1400   Den Luft und Mitternacht hier mit sich führt?

SOSIA I. Wie? Steht ihr immerfort noch da? Nun dann,   (211)
   Flugs, lieben Ziegel, tummelt Euch, verrichtet

Amphions neuestes Geschäft mit Lust:
Ich pfeife muntre Weisen euch dazu! *(pfeift und wirft.)*

AMPHITRUON II. Das Wort erstirbt vor Grimm mir auf der Lippe;
Mir schwankt das Knie, und dunkel wird mein Auge;
Es klirren mir die Ziegel um den Kopf —
Ja wirf und pfeife nur, verwegner Sklav'!
Du triumphirst zu früh! Tod und Verderben
1410   Erklingen dir in jedem neuen Wurf!   (212)
Zwei Fischer kenn' ich; über'n Asopus
Hat mich ihr Kahn gesetzt; sie hol' ich her!
Kehr' ich — so fällt in's Haus die Thür erbrochen;
Wir dringen ein; wir schleppen dich hinaus;
Beschwert mit Bleigewichtern an den Füßen;
Fest eingeschnürt in einen Sack; versenkt
In's tiefste Bett des Asopus, sollst du
Mir, eh' der Tag graut, Seehundsfutter seyn! *(ab.)*

SOSIA I. Ha, unerwartet, immer herrlicher
1420   Schlingt sich der Knoten; dort erscheint der Sklav'!   (213)
Fort nun, daß der mich nicht in's Auge kriegt,
Und sich zu zeitig der Betrug entwickelt!

DRITTER AUFTRITT.

SOSIA II. *(von der Gartenseite mit einer Laterne auftretend).*
Ich hab's auf alle Art am Zaun versucht:
Er ist zu hoch — ich komme nicht hinüber!
Allein, wo nur mein Herr, Amphitruon,
Indeß geblieben ist? Er war doch hier!   (214)
Doch sey er, wo er sey; er wird wohl kommen!
Ich will indeß hier auf und ab spatzieren,
Bis er zurückkömmt! — Still, das ist sein Fußtritt!
1430   Nein, 's ist Bybachides der Bader! — Hm!
Mir fällt was ein! — Wie wär's, ich ließe mir
Von dem den Bart abscheeren? — Herrlich! Trefflich!
Das gäb' ein gutes Unterscheidungszeichen,
Woran mein Herr mich leicht in Zukunft kennt!

VIERTER AUFTRITT.   (215)
Bybachides. Sosia II.

SOSIA II. Ei guten Abend, Herr Bybachides;
Wollt ihr so gut seyn, mir den Bart zu scheeren?

BYBACHIDES. Warum nicht? Kommt nur mit mir in den Schoppen!

SOSIA II. 's geht nicht! Ich muß hier meinen Herrn erwarten!

BYBACHIDES. So hol' ich Schemel und Rasierzeug her! *(ab.)*

1440 SOSIA II. Thut ihr sowohl, doch sputet Euch, Herr Bader! (216)

BYBACHIDES *(der zurück kommt).*
    Da bin ich schon! Nun seyd so gut und setzt euch hier auf
                                   diesen Schemel,
    Und leuchtet mir mit der Latern' ein wenig!

SOSIA II. Recht gern!

BYBACHIDES *(ihn einseifend).*
      Was spricht man sonst von Krieg und Frieden Neu's?

SOSIA II. Der Krieg geht wieder los! (217)

BYBACHIDES.   's ist doch entsetzlich!
    Indeß so einen Feldzug macht' ich auch wohl mit!

SOSIA II. Ihr hättet dazu die Kurasch'?

BYBACHIDES.   Was das betrifft!
    Wie? oder meint ihr, 's sey so unbedeutend und so klein,
    Landphysikus bei Thebens Volk zu seyn?
    Sag' Euch, man weiß oft so ein'n Kerl kaum anzufassen;
1450   's thät Noth zu Ader durch den Stiefel ihm zu lassen: (218)
    So grob, wie Elendsleder, schaut,
    Ist abgehärtet unsrer Bauern Haut! —
    Und dann die in der Erndte aufgeschoßnen Bärte: —
    Eh man die abmäh't, da handtiert sich's leichter mit dem
                                      Schwerdte!

SOSIA II.
    's ist wahr! — Im Grund' ist's freilich wohl dasselbe Handwerk!
    Denn mit Lanzetten, oder Klingen
    Die Menschen aus der Welt zu bringen,
    Und Baders oder Pluto's Haus:
    Das läuft am End' auf ein's hinaus! (219)

1460 BYBACHIDES. Wart, wart, du zwei Mal unverschämter Spitzbub!

SOSIA II. *(aufspringend).* Halt, Herr, da euer Messer reißt gewaltig!

BYBACHIDES. Es wird was stumpf seyn — ja!

SOSIA II.   So schärft es lieber!

BYBACHIDES. Es fehlt das Leder mir zum Abzug!   (220)

SOSIA II.   Holt es Euch!

BYBACHIDES. Wenn Euch indeß die Zeit nicht lang wird!

SOSIA II.   Dafür sorgt nicht!
                    (Bybachides ab.)

SOSIA II. Der Schurke schabt mich bis aufs Blut, und nimmt
    Mir mit dem Bart zugleich die Haut herunter!
    Doch was giebt's da denn wiederum auf's Neue?
    Was für ein Lärmen zieht die Straß' herauf?   (221)
    Wie? seh' ich recht? Mein Herr? und mit zwei Fischern?
1470   Was hat der vor? und worauf geht sein Anschlag?
    Wie's scheint: so wechseln sie gar heftig Worte!
    Da ist nicht gut ihm in den Weg zu treten:
    Ich will zurück mich in die Hausthür ziehn,
    Und auf den Ausgang warten, was es giebt!

BYBACHIDES *(der den Kopf aus seinem Schoppen steckt).*
    Ich seh' Herrn Sosia nicht mehr auf seinem Schemel,
    Und höre ein Geräusch verworr'ner Stimmen;   (222)
    Auch die Latern' ist ausgegangen! — Hm!
    Im Dunkeln schmiedet sich da wohl ein neues Unheil!
    Zurück in meinen Schoppen, bis es still wird;
1480   Um diese Stund' ist's auf der Straße nie geheuer!
                    (ab.)

FÜNFTER AUFTRITT.   (223)

*Amphitruon II. hastig vorwegschreitend. Hinter ihm ein Paar Fischer, mit
Säcken auf ihren Schultern und Laternen in den Händen, die pathetisch
und mit langsam feierlich abgemeßnen Schritten ihm hinten nachfolgen.*

AMPHITRUON II. *(der sich ungeduldig nach ihnen umsieht).*
    Das sind ein Paar der faulsten Tagedieb' in Theben!
    Ein Paar gedung'ne Schnecken leisteten
    Mir grad' dieselben Dienste! — Kommt ihr endlich!
    Ihr Schlingel ihr, so treibt doch eure Füß' ein wenig an!

I. FISCHER *(der plötzlich Stillstand macht).*   (224)
    Herr, nicht geschimpft!

II. FISCHER *(der ihm darin nachfolgt).*
                Frei sind wir, und Thebaner!

I. FISCHER. Und halten einen Schritt, wie uns beliebt!

II. FISCHER. Mag junges Volk die Straßen wild durchrennen!

I. FISCHER. Wir sind gesetzte Leute! —

II. FISCHER.   Gehn gesetzt!

AMPHITRUON II. Gesetzte Schurken seyd ihr! Geht zum Henker!   (225)

I. FISCHER.
1490   Und wenn ihr dies auch noch nicht wißt — wir sind zwei Brüder!

II. FISCHER. Und Zwillinge dazu!

I. FISCHER.   An einem Tag
    Bracht' uns zur Welt die Mutter —

II. FISCHER.   Keinen früher!

I. FISCHER. Und keinen später!   (226)

II. FISCHER.   Und seit diesem Tag
    Ist's uns Gesetz, daß keiner früher kömmt —

I. FISCHER. Und keiner später, Herr, wohin wir gehn!

II. FISCHER. Ja Herr, ich und mein Bruder hier, Ameibias! —
    So — eins — zwei, drei — seht, das ist unser Maaß!
    (Maschinenmäßiges Fortrücken Beider.)

AMPHITRUON II.   (227)
    Das heißt, kommt ihr nicht heut, kommt ihr doch Morgen!

I. FISCHER. Ei, habt ihr das gewußt, und seyd auf heut
1500   Ihr unsers Dienst's benöthigt: warum habt
    Ihr denn nicht gestern schon uns, Herr, bestellt?

II. FISCHER. Euch quält gar böse Hast und schlimme Weile!

I. FISCHER. Man merkt wohl, Herr, daß ihr kein Fischer seyd!

II. FISCHER. Ein Fischer, der im Sommer stundenlang (228)
    So über seine Angel da sitzt, der lernt warten!

I. FISCHER. Ja, der lernt warten, Herr, wie Niemand sonst!

II. FISCHER. So früh er aufsteht, ist der Aal stets früher auf!
    Der Fisch entschlüpft dem Netz, noch eh' er kömmt;
    Und kömmt er, ist der Hecht schon da gewesen,
1510   Und hat die Reusen nächtlich ausgeleert!

I. FISCHER. Da gilt es nun gelassen neue stellen, (229)
    Und warten, bis ein zweiter Fang sich schickt!

II. FISCHER. Habt ihr am trüben Regentag den Reiger
    Am grünen Sumpf gesehn, auf einem Bein,
    Herr, wie er da steht, wie er auf ein Fröschchen lauert:
    Daß Einem's in der Seele dauert.
    Ihm gleicht der Fischer, der sein Netz auswirft,
    Nach Aalen angelt, und zufrieden ist,
    Wenn nur zuletzt ein kleiner Gründling kömmt!

1520 AMPHITRUON II. Zum Henker, was hab' ich von euern Fischen (230)
    Und euern Gründlingen! Nicht Fischen, — Austern,
    Schildkröten, welche schwere Panzer tragen —
    So langsam kriecht ihr — mögt' ich euch vergleichen!

I. FISCHER. Bei uns da wird ein Mal nichts übereilt!

II. FISCHER. Ja! „Eile, Herr, mit Weile" ist ein Sprichwort,
    Das gilt für jede Creatur! —

AMPHITRUON II. *(plötzlich umgewendet).* Für Esel auch! (231)
    Berief' ich Euch zu gutem Biß und Brocken,
    Zu einem Schmaus nur her: wohl käm't ihr schneller!

I. FISCHER.
    Was denkt ihr, Herr? — *(auspackend.)* Hier ist gedörrter Fisch,
1530   Und hier ist Brod! — Ich und mein Bruder hier —
    Meint ihr, wir dienten Euch um Hungers Willen?

II. FISCHER. Da seyd ihr links, Herr!

I. FISCHER.   Ja gewaltig links!

II. FISCHER. Noch hat der Mittag niemals uns gefehlt! (232)

I. FISCHER. Komm her, Ameibias, iß, daß er sieht!
Hier ist ein Stein, verzehren wir das Frühstück? *(setzen sich.)*

AMPHITRUON II. Und euer Dienst?

BEIDE *(mit vollen Backen).*   Nachher, wenn wir gegessen!

AMPHITRUON II. *(für sich).*
Was will ich thun? Ich bin in ihrer Hand!   (233)
(laut.) Ich bitt' euch, liebe Herren, habt's genug!
Verzehrt's nachher! Ein guter Bissen schmeckt auch nach gethaner
Arbeit!

1540 I. FISCHER *(zum zweiten).* Merkst du's? Nun giebt er es gelinder schon;
Nun sind wir Herrn — vor Kurzem waren wir noch Esel!
(laut.) Nun — nun, da ihr Euch so zur Güte legt —
Dem guten Wort ist stets der Fischer willig: (234)
Sagt an, wo ist der Kerl, den wir ersäufen sollen?

SOSIA II. Spitzbuben, die! Wem gilt das? doch nicht mir?

II. FISCHER. Mein Sack dahier ist seiner längst gewärtig!

SOSIA II. Wo flieh' ich hin? Ist nirgends hier ein Ausweg?

AMPHITRUON II. Erbrecht die Thüre! dringt in's Haus!

I. FISCHER.   Herr, Jemand steht davor!   (235)

AMPHITRUON II. Das ist er selbst! Ergreifet, bindet ihn!

1550 SOSIA II. Barmherzigkeit! Wer schlingt um meine Füße
Mir einen Strick? Wer bindet mir den Fuß?

AMPHITRUON II. *(hervortretend).*
Ich bin es, Sklav'! Auf mein Geheiß geschieht's!
Erkenn'st du jetzo deinen Herrn in mir?

SOSIA II. Ihr Leute, laßt mich los, es ist ein Irrthum!   (236)

AMPHITRUON II. Gedenk des Dachs, gedenk der Ziegel nur!

SOSIA II. Herr, hört mich an, ich folg' euch, kommt in's Haus!

AMPHITRUON II. Dein Haus ist unter Hummern nun und Krebsen!

I. FISCHER. Eh' die Latern' hier ausbrennt, bist du unten!

II. FISCHER. Grüß' die Muränen mir, und mach' sie fett! (237)

I. FISCHER *(sich umwendend).*

1560 Doch hört, der Kerl ist doch nicht gar unschuldig?

II. FISCHER *(ihn bedeutend).*
    Warum nicht gar? Sey doch kein Narr mit Fragen!
    Du sieh'st ja wohl, dein Zaudern macht ihn böse:
    Wir können's ja nachher von ihm erfahren:
    Frisch aufgepackt, nur in den Sack mit ihm!

SOSIA II. Gewalt, Mitbürger Thebens, Hülfe, Hülfe! (238)

FISCHER *(die ihn fortziehen).*
    Das hilft dir all nichts! Nur nicht viel gesperrt!

SECHSTER AUFTRITT.

BYBACHIDES *(der den Kopf aus seinem Schoppen steckt).*
    Die wollen Jemand da ersäufen — Hm!
    Was thu' ich? Spring' ich ihm als Beistand zu?
    Da krieg' ich Prügel, oder leist' ihm gar Gesellschaft!
1570   Nein — ich verhalte mich ganz ruhig hier, (239)
    Bis Sack und Kerl ersäuft ist — ja so geht's!
    Da schlag' ich Lärm — man fischt ihn wieder auf —
    Vom Scheintod bringt ihn meine Kunst zurück:
    Und so vereint denn abermal auf's Schönste
    Sich hier die Menschlichkeit und mein Gewerbe!

AMPHITRUON II. *(der bis jetzt, wie in tiefer Betrachtung, an dem äußersten Ende des Theaters gestanden, und den beiden Fischern nachgesehen).*
    Die Leuchten nähern sich dem Fluß — verschwinden —
    Fast reu't mich mein Entschluß! — Mich übernahm (240)
    Der Zorn — ich gieng zu rasch und ohne Untersuchung!
    Man wird mich grausam schelten — und mit Recht,
1580   Und so verdient die Straf' ist, dennoch tadeln! —
    Ich will ihm nach — ihn retten — ja es sey
    Ihm an der ausgestandnen Angst genug! *(ab.)*

SIEBENTER AUFTRITT. (241)

BYBACHIDES. Die Luft ist rein! Nun reift mein Plan! — Mitbürger,
    Einwohner Thebens, auf, an Thür und Fenster!
    Man schnürt in einen Sack, man tödtet, man ersäuft hier!

SOSIA I. *(der aus dem Haus tritt).*
 Wer schreit? was giebt's?

BYBACHIDES.   Seyd ihr's, Herr Sosia?

SOSIA I. Wer sonst!

BYBACHIDES.   So seyd ihr also nicht in einem Sack ersäuft?   (242)

SOSIA I. In einem Sack?

BYBACHIDES.   Lebt wirklich, wirklich noch?

SOSIA I. So wie ihr seht! — Was giebt's denn hier? was ist's? Sagt,
            was ist vorgefallen?

BYBACHIDES.
1590   So wißt ihr's noch nicht? — Zehn baumstarke Kerle —
  In Nacht und Finsterniß — sie wollten Einen   (243)
  Ersäufen —

SOSIA I.   Und da sprangt ihr ihm vielleicht als Beistand zu?

BYBACHIDES. Ja — pflichtgemäß! —

SOSIA I.   Neun gegen Einen —

BYBACHIDES.   Zehn,
  Herr Sosia, zehn, ungelogen!

SOSIA I.   Wirklich? —
  Der Kampf war ungleich!

BYBACHIDES.   Desto rühmlicher!   (244)
  Ich glaubt', ihr wärt's; mich hieß die Freundschaft alles wagen!

SOSIA I. Wie? Kanntet ihr mich denn nicht besser?

BYBACHIDES.   Kennen?
  Man konnt' ja keine Hand vor Augen sehn!

SOSIA I. Und welchen Ausgang nahm das Nachtscharmützel?

1600 BYBACHIDES. Den unerwartetsten! Fünf hab' ich tödlich
  Mit meinem Messer hier verwundet; die   (245)
  Neun Andern aber sind entflohn!

SOSIA I. Wie sah'n die Kerl' denn aus?

BYBACHIDES. Wie Phrygier!
Dafür erkannt' ich sie an ihren rothen Mützen!

SOSIA I. Wie? Ihr erkanntet sie an ihren rothen Mützen;
Und konntet keine Hand vor Augen sehn?
Zehn Kerle waren's nur, womit ihr fochtet;
Und vierzehn sind nachher entflohn? Geht, geht (246)
Und macht das einem Andern weiß!

BYBACHIDES. Versichert,
1610 Herr Sosia, ich rede lautre Wahrheit!

SOSIA I. Schon gut! Jetzt macht's mit dem Rasiren bald ein End'!
Ich bin des Wartens müd' und überdrüssig!
Da sitz' und sitz' ich hier auf meinem Schemel,
Indeß ihr drinnen Mährchen heckt!

BYBACHIDES (*der sich auf's Neue zum Rasiren anschickt*).
Ihr Götter!

SOSIA I. Was giebt's? (247)

BYBACHIDES. Mir fällt vor Schreck das Messer aus der Hand!

SOSIA I. Was ist's, was habt ihr vor?

BYBACHIDES. O Wunder, über Wunder!

SOSIA I. Erfahr' ich eures Wunderns Ursach bald?

BYBACHIDES. Wer ist indeß bei eurem Bart gewesen?

SOSIA I. Bei meinem Bart? (248)

BYBACHIDES. Ich hatt' ihn doch schon eingeseift!

1620 SOSIA I. Unmöglich!

BYBACHIDES. Hatt' ihn doch zur Hälfte schon geschoren!

SOSIA I. Und nun?

BYBACHIDES. Ist von der Seife keine Spur!

SOSIA I. Geht, geht!

BYBACHIDES. Und auch das Haar ist zollbreit angewachsen! (249)

SOSIA I. Das ist kein Wunder, da so lang ihr trödelt!
      Wie? oder meint ihr, Herr Bybachides,
      Ein Haar, das augenblicklich wieder sprießt,
      Das soll erst lang auf eure Rückkunft warten?

BYBACHIDES. Nein, redet mir es nur nicht aus, es ist ein Wunder!
      Noch nie erlebt' ich so 'was Unerhörtes!

ACHTER AUFTRITT.   (250)

Amphitruon II. der von der Flußseite auftritt. Die vorigen.

AMPHITRUON II. Umsonst! Ich finde sie am Ufer nirgend;
1630   Sie haben die Laterne ausgelöscht;
      Mein Rufen half nichts mehr! — der arme Sklav'!
      Nun liegt er wohl zehn Faden tief im Flußbett!
            (indem er plötzlich Sosia I. gewahr wird.)
      Wie? Seh' ich recht? Täuscht mich kein Blendwerk? Nein!
      Er ist's — ist's Selbst! Dort sitzt er! — Sosia! *(auf ihn zu.)*
      Zerrinne, gaukelnd Traumbild! Rede will ich!

SOSIA I. Steckt eurer Schwert in seine Scheide, Herr!   (251)
      Ich bin ja euer Sklav', bin Sosia!
      Spart euer Eisen doch für eure Feinde!

AMPHITRUON II. Für meine Feinde? Du gehörst zu diesen!
1640   Zuerst — wie kamst du aus dem Fluß?

SOSIA I.   Ich war nie drinnen!

AMPHITRUON II.
      Nicht?

SOSIA I. Wirklich nicht! Fühlt her an meine Kleider, sie sind trocken!

AMPHITRUON II. *(für sich).*   (252)
      Sie sind's! Ich bin erstaunt! Was soll ich denken?
      Ich weiß nicht! *(laut.)* Und wer stand vorhin auf dem Balkon?

SOSIA I. Auf dem Balkon?

AMPHITRUON II.   So frag' ich!

SOSIA I.   Niemand, Herr!

AMPHITRUON II. So warf auch Niemand wohl nach mir mit Steinen?

SOSIA I. Ihr seht, von alle dem versteh' ich keine Sylbe!   (253)

AMPHITRUON II.
> Du wirst es bald! — Wer kömmt? Es sind die Fischer!
> Gut, gut, das giebt vielleicht mir Licht und Auskunft!

NEUNTER AUFTRITT.

Die vorigen. Die Fischer.

I. FISCHER. Herr, der ist aufgehoben und verwahrt!

1650   II. FISCHER. Wir haben ihn in Kalmus sanft gebettet!

I. FISCHER. Bei Austern wird sein Aug' nun zu Korallen!   (254)

II. FISCHER. Der spielt fortan Euch keinen Schelmstreich mehr!

AMPHITRUON II. Was rühmt ihr unverschämt mir eure Dienste?
> Dort sitzt er ja, den ich ersäufen ließ,
> Und läßt sich wohlgemuth den Bart abscheeren!

I. FISCHER. Wa —

II. FISCHER.   Was?

I. FISCHER *(der, ihm näher getreten, ihn mit der Laterne beleuchtet).*   (255)
> Ha, bei'm Jupiter, er ist's, Kam'rad!

II. FISCHER. Der Nemliche, bei'm Kastor und bei'm Pollux!

I. FISCHER. Wie geht das zu?

AMPHITRUON II.   Befragt ihn selbst! Ich weiß nicht!

I. FISCHER. Lebendig oder todt, ich red' ihn an!
> *(packt ihn bei der Schulter.)*

1660   Ei du erzabgefeimter Galgenstrick! du Rohrspatz!   (256)
> Wie? du bist eh'r vom Fluß, als wir, zurück?

SOSIA I. Das hält nicht schwer; ihr kriecht ja, wie die Krebse!

I. FISCHER *(zum Andern).*
> Ich sagt's dir gleich, der Kerl ist leicht wie Korkholz,
> Der schwimmt wie eine Fischblas' oben auf;
> Wär'st du nur meinem Rath gefolgt, Kam'rad,
> Und hättest Blei mit in den Sack gethan!

II. FISCHER. Ja, wußt' ich das, sieh, Bruder, einen Stein (257)
　　Hing ich ihm, hundertpfündig, um den Hals!

I. FISCHER. Dazu ist's jetzt noch Zeit. Pack' an Kam'rad!

1670　AMPHITRUON II. Laßt's gut seyn, Fischer! — Auf ein ander Mal!

II. FISCHER. Nein, Herr, hier gilt's um das verdiente Trinkgeld!

AMPHITRUON II. Das soll euch nicht entgehn; da, haltet her!

I. FISCHER *(die Hand zurückziehend).* (258)
　　Wir mögen's nicht eu'r Trinkgeld, ohne Dienste!

II. FISCHER. Uns ist es drum nur, daß der Kerl ersäuft wird!

I. FISCHER. Versteht ihr? Ja nicht des Verdienstes wegen;
　　Nein, unsrer Ehre wegen vor den Leuten!

II. FISCHER. Lebt wohl! Wir halten uns an diesen, Herr!

I. FISCHER. Sieh zu, daß du uns heut' nicht in den Wurf kömmst! (259)

　　　　(Beide ab.)

ZEHNTER AUFTRITT.

Amphitruon II. Sosia I. Bybachides.

AMPHITRUON II. Du bist dem Tod' entronnen, Sklav'! Nun rede!
1680　　Bring Gründe vor, mir zur Entschuldigung!

SOSIA I. Verzeiht, mein edler Feldherr und Gebieter!
　　Was sich begiebt im Himmel und auf Erden, (260)
　　Lehrt uns, es sey dies eine Zeit der Wunder!
　　So hat die Nacht in ihrem Lauf, und hier
　　Das Haar in meinem Bart sich auch verdoppelt:
　　Kein Wunder, daß wir selbst auch doppelt sind!
　　Kurz, was gewiß ist, zwei Amphitruonen,
　　Und auch zwei Sosien sind hier im Haus —
　　Geht selbst herein und seht!

AMPHITRUON II.　　　　　　Die Thür ist zu!

1690　SOSIA I. Darum versucht' ich über'n Zaun zu steigen,
　　Wie ihr befahl't; allein er war zu hoch; (261)
　　Auch hatt' ich Niemand, der mir leuchtete.

AMPHITRUON II. *(für sich).*
>   Wenn dem so ist: so that ich ihm wohl Unrecht!
>   *(laut.)* Komm mit! Ich folg' dir! Gieb mir die Laterne!
>   Versuch's noch ein Mal über'n Zaun! Steig über!
>   *(im Abgehn.)* Ich muß in's Haus! Erhalt' ich dort nicht Auskunft:
>   So weiß ich nicht, was hier zu thun ist — weh, mein Kopf!

>   *(mit Sosia I. ab.)*

BYBACHIDES. (262)
>   Zwei Herren — zwei Sklaven — zwei Nächte — zwei Bärte —
>   Daß Niemand mehr weiß, wem der rechte gehörte!
> 1700 Verdoppeln so ferner die Ding' ihren Lauf:
>   So gehn hier auch Morgen zwei Sonnen wohl auf!
>   Mein'twegen verdopple sich rings die Natur,
>   Verdoppelt sich mir das Rasirgeld auch nur!
>   Doch halt — wenn sich alles verdoppelt auf Erden:
>   So müßten zu Theil auch zwei Weiber mir werden? —
>   Bybachides, wahrlich, das wäre kein Spiel:
>   Nein, nein, an der einen schon ist's mir zu viel! (263)

>   *(ab in den Schoppen.)*

EILFTER AUFTRITT.

*Das Innere von Amphitruons Wohnung. Jupiter, in Amphitruons
Gestalt, der vertraulich neben Alkmenen sitzt.*

ALKMENE *(die ihren Arm um ihn schlingt).*
>   O mein geliebtester Gemahl! —

AMPHITRUON I.   Nicht so, Alkmene!
>   Du magst dir den Gemahl, wie billig, loben; (264)
> 1710 Ich zieh' ihm dennoch den Geliebten vor!

ALKMENE. So schiltst du die mir so vertrauliche Benennung!

AMPHITRUON I. Ich schelte nichts, als was verhaßt mir ist!

ALKMENE. Mir ist verhaßt, was vom Gemahl mich trennt!

AMPHITRUON I. Auch wenn's mit dem Geliebten dich vereinigt?

ALKMENE. Du sprichst in Räthseln! (265)

AMPHITRUON I.   Höre mich, Alkmene!
Sieh, dem Gemahl ist Zwang die schönste Neigung!
Wo der Geliebte bittet, fordert Er;
Streng' ist und rauh dem Weibe der Gemahl;
Doch dem Geliebten, wie ein frei Geschenk,
1720   Erscheint die Liebe, wie des Lichtes Gabe,
Und wie der freivergönnte Glanz der Sterne! —
— Der bin ich dir, der will ich stets dir seyn!

ALKMENE *(ihm die Hand reichend).*   (266)
Ich bin's zufrieden!

AMPHITRUON I.   Ein Bitt', Alkmene!
Versprich mir —

ALKMENE.   Alles, was du willst! —

AMPHITRUON I.   Nur eins!
Versprich mir, wenn dich heute oder Morgen
Ein Zwist mit dem Gemahle je veruneint,
Nie mir es, dem Geliebten, zuzurechnen!

ALKMENE. Versprochen und gewährt! — O mein Amphitruon,   (267)
Ich habe dich — ich halte dich im Arm;
1730   Sollt' ich mit deinen kleinen Launen rechten,
Und mit dem Augenblick, was er mir giebt,
Und was er mir vielleicht verweigert? — Nein, nicht so!
Nein, Sosia, was du mir auch gesagt;
So sehr es mich aus meiner heitern Fassung brachte:
Es ist vorbei — und ich bin wieder munter!

AMPHITRUON I. Was hätt' er dir gesagt? Was könnt' er sagen?

ALKMENE. Es ist vorbei! Noch ein Mal — forsche nicht!   (268)
So wie der Tag dem Leben angehört:
Gehört der Augenblick der schönen Liebe!
1740   Gelassen will ich ihn und heiter nehmen!
Den nenn' ich thörigt, der auf Morgen baut;
Dies Morgen, das so oft zu kommen zögert,
Und wo es Kränze hoffen ließ, uns Urnen bringt;
Wo auf Erden wohnt dies Morgen? bei Armenern oder
                                           Parthern?
Bei den Pikten oder Kopten? Celten oder bei Aegyptern?
In sein Land — wo ist die Brücke? wo der Steg? — wann will   (269)
                                           es tagen? —

Dunkel, nachtvoll sind die Stege, und die Brücken abgetragen!
Morgen, Morgen steigt vielleicht schon ein mit uns in Charons
Kahn;
Morgen müssen wir uns Pluto seiner finstern Urne nah'n!
1750 Keine Seele nahet drunten sich des Styxes finstern Wogen,
Die das goldne Licht des Tages nicht um einen Tag betrogen!
Heut' ist unser: ist das Wort, das Licht und Leben, Sonn' und
Luft
Zu der Pflanze, zu dem Vogel, zu dem Thier und Menschen
ruft! —
Nein, mein geliebtester Amphitruon,   (270)
Kein Vorwurf soll uns diese schöne Stunde trüben!

AMPHITRUON I. Wie hast du, gutes Weib, bisher gelebt?

ALKMENE. Wie der Verwittweten geziemt! — In ihren Angeln
Stand einsam mir des schönen Hauses Thür! — Nur selten,
Daß eine Freundin sie mir meldete, und der
1760 Vom Lande kam, den Vater — Die
Fußtapfen abgekehrt von fremden Männern,
Und, wehrend jedem lästigen Besuch,
Verhielt ich mich im innersten Gemach.   (271)
Amyntichus auf meinem Schooß — Da saßen
Wir vor den buntbemahlten Charten emsig da,
Und forschten nach der schönen Flüsse Lauf,
Der Berge Höhen und der Thäler Krümmung;
Und trat ein fremder Mann wo in die Thür,
Gleich fragten wir: woher des Landes, Lieber?
1770 Weißt du, wo liegt die schöne Stadt der Teleboär?
Sind trinkbar dort die Flüsse? sind die Brücken
Auch sicher, um zu tragen Roß und Mann?
Vernahmest du der Pfeifen Hall im Lager?   (272)
Und ist die Mauer, die den Feind schützt, hoch?
Dann lud ich ihn auf einen Stuhl an's Feuer,
Und horchte jeder Mähr, die mir das Herz
Bald freudig, und bald traurig auch bewegte.
Und schwand der Tag mir so in traulich süßem
Gespräch — und zog die Nacht mit stillen Sternen auf:
1780 Da zürnt' ich oft mit meines Hauptes Kissen,
Daß Ruh' und Schlaf es mir verweigerte!
Mir lag kein Pfühl und keine Decke recht!
Oft stand ich auch, um Mitternachtes Mitte,   (273)

Von meinem Lager auf, und holte mir
Ein Stück von deiner schönen Waffenrüstung,
Und drückt' es an mein Herz, und netzte es
Mit meinen Thränen — küßt' auch wohl den Kleinen,
Der neben mir im Bett ganz ruhig schlief,
Und der, in jedem stillen Zug dein Bild,
1790   Dein theures Bild, mir vor die Augen brachte —
Bis, wann der Tag in Osten grauend anbrach:
Da kniet' ich hin zu Jupiters Altar,
Mit meinem Kind im Arm, und betete,   (274)
Und that Gelübde, die der Gott erhörte!
Ja, mein Amphitruon, Er ist es, der
Dich mir zum zweiten Male heut' geschenkt;
Er wendete des Todes böse Pfeile
Von diesem Haupte, das ich sehnend wieder küsse,
Und das zu lang die Trennung mir entzog!

(indem sie an ihn sinkt — er aber sich ihrer Umarmung
zu entziehen sucht.)

1800   Nein, nein, verbirg auch du mir nicht die schöne Unruh,
Die deiner sich bei'm Namen Jupiter bemeistert;
Denn würdiger lobt ja den Gott des Mannes Schweigen,   (275)
Als eines Weibes Sprache —

AMPHITRUON I. *(Seitwärts und in versunkener Betrachtung).*
Holde Blume!
Wie blüh't dein Leib in jedes Reizes Fülle —
Und doch ist schöner deine Seele noch!

ALKMENE. Wie meinst du?

AMPHITRUON I.   Laß mich — ich muß fort von hier!

ALKMENE. Fort, da bereits das Opfer angerichtet?   (276)

AMPHITRUON I. Für wen?

ALKMENE.   Für Jupiter!

AMPHITRUON I.   Um desto mehr!

ALKMENE. Ich bitte dich — sieh heiterer dazu,
1810   Wenn ich ihn nenne, mein Amphitruon!
Mir ist, als ob ein jedes Wort des Dank's
Auf meinen Lippen mir erstickte — seh'   (277)
Ich dir in's Angesicht — ist's mir, als könnte
Ich nicht so freudig mehr zu ihm, wie sonst wohl, beten!

AMPHITRUON I. *(für sich).* O, ahndungsvolle Seele, ist dir so?

ALKMENE. Als schwänd', in meiner Seele tiefsten Tiefen,
Der Glaube mir, die Zuversicht hinweg
Auf seine Lieb' und seine Vaterhuld!

AMPHITRUON I. *(der ihre Hände gefaßt hat).*   (278)
    Alkmene — liebe du ihn nur ein wenig!
1820   Er wird genug an dir zu lieben haben;
    Denn Göttliches ist stets dem Göttlichen verwandt;
    Jetzt komm' zum Opfer! —

ALKMENE.   Horch, was für ein Auflauf!

STIMMEN VON DRAUSSEN.
    Weh uns! welch Zeichen übler Vorbedeutung!

ZWÖLFTER AUFTRITT.   (279)

DAMOKLEIA *(die in die Thür tritt und nach außen redet).*
    Man halte mit dem Opfer inne noch!

AMPHITRUON I. *(ihr entgegen).*
    Was giebt's?

DAMOKLEIA.   Verzeih', mein edelster Gebieter!
    Ist's dein Befehl und Wille, daß zwei Fischer
    Den Sosia in einem Sack ersäufen?

AMPHITRUON I. Wer träumt davon?   (280)

DAMOKLEIA.   Noch steht der Bote draußen,
    Der diese Unglücksnachricht überbrachte!

1830 AMPHITRUON I. Ich will ihn sprechen!

ALKMENE.   Bringt ihn unverzüglich!

AMPHITRUON I. Wir gehn ihm lieber, besser selbst, entgegen.

    (mit Alkmenen an der Hand und den übrigen ab.)

DREIZEHNTER AUFTRITT.   (281)

*Vorhof, in Amphitruons Hause, erleuchtet. Sosia I., als Priamus, mit einer
Schüssel. Amyntichus, als Achill. Davus, als Hektor, der ihm todt zu
Füßen liegt.*

SOSIA I. *(zu Amyntichus).* Laß mich Achill seyn, hörst du!

AMYNTICHUS.   Du? dir guckt
    Der bloße Fuß ja aus zerrißnem Schuh!

SOSIA I. Ei, Schade was dafür! Das ist die Stelle,
    Woran mich Thetis in den Styx einst tauchte;   (282)
    Der einz'ge Fleck, woran ich nur verwundbar bin!

AMYNTICHUS. Nein, nein!

SOSIA I.   Nun gut, so bleibt es, wie zuvor!
    Die Abred' ist — dies Mäuerchen ist Troja;
    Du bist Achill — der Todte da ist Hektor!

1840   AMYNTICHUS. Ja, Dank den Göttern, Hektor ist erlegt!
    Komm, Priamus, und fordre nun die Lösung,   (283)
    Und stell' dich kläglich, wie's dem Vater ziemt!

SOSIA I. *(der seine Schüssel auf das Mäuerchen setzt, über dem Todten).*
    O Hektor, Hektor, Hektor, höre mich!
    O höre, höre, höre mich, mein Hektor!

AMYNTICHUS *(verdrüßlich).* „O höre, höre, höre" weißt du denn
    Sonst nichts, als „höre, hör'" und „Hektor" vorzubringen?

SOSIA I. Sonst nichts, was angemeßner wär'! Sag' an,   (284)
    Nicht wahr, der Hektor da ist todt?

AMYNTICHUS.   Nun freilich!

SOSIA I. Und folglich! Alle Todten hören schwer:
1850   Da kann man immer zwei bis drei Mal „hör' mich" rufen;
    Und immer ist die Frag' noch, ob sie hören!

AMYNTICHUS. Du bist ein schlechter König, Priamus!

DAVUS *(sich aufrichtend).*   (285)
    Ich höre! —

AMYNTICHUS.   Nun wird vollends der mir auch noch wach!
    Du, Davus, lieg' doch still! Wie schickt sich's denn
    Für einen Todten, sich vom Schlachtfeld aufzurichten?

DAVUS. Mir wird die Zeit hier lang — sagt, krieg' ich bald
    Das Stück versprochnen, süßen Feigenkuchen?

AMYNTICHUS. Nein, nun, da du gehört hast, kriegst du nichts;
    Das wird für einen andern Todten aufbewahrt,   (286)
1860   Für einen, der nicht hört! Die schöne Lösung

Von Priamus bestand darin; doch nun,
Da du gehört hast, kriegst du keinen Bissen!

DAVUS *(der aufspringt und davon läuft)*.
Nun gut, so geh' ich zu der Mutter in die Küche!

AMYNTICHUS *(der ihm traurig nachblickt)*.
Was sagst du, Priamus, zu solchem Greu'l?

SOSIA I. *(der seine Schüssel von dem Mäuerchen abnimmt)*.   (287)
Nun, da mein Sohn, der Hektor, so gesund
Davon auf seinen zweien Füßen geht:
So nehm' ich auch die schöne Lösung hier,
Den Feigenkuchen, wieder mit nach Troja! *(läuft gleichfalls davon.)*

AMYNTICHUS. Das ist ein unverschämtes, wüstes Volk,
1870   Das weder lebend was, noch sterbend nützt!
Ich bin des Spiel's mit ihnen überdrüssig,
Und wollt', es wär' ein andres Troja hier!   (288)
Ah gut, da kömmt mein Vater! Eben recht!

VIERZEHNTER AUFTRITT.

Amphitruon I. Alkmene. Amyntichus.

AMYNTICHUS *(ihm entgegen)*.
Mein Vater, nimm mich mit dir in den Krieg!
Hier trifft mich nichts, als Ungemach! Es laufen
Die Todten mir, die ich erlegt, davon!   (289)

AMPHITRUON I. War Sosia nicht hier?

AMYNTICHUS.   Den mein' ich eben;
Der eben ist mit einem großen Stück
Von Feigenkuchen mir davon gelaufen.

AMPHITRUON I. *(lächelnd)*.
1880   Nun, nun, wenn dem so ist — du sieh'st, Alkmene:
So hat's mit dem Ersäufen keine Noth!   (290)
Jetzt laß uns auch das Opfer länger nicht verzögern!
Komm, Kind, hast du auch eine Bitt' an Jupiter?

AMYNTICHUS. Daß er so tapfer mich, als meinen Vater mache;
Sonst keine; denn, nicht wahr, du nimmst mich mit dir in den
                            Krieg?

AMPHITRUON I. Du bist zu klein, der Feind wird dich verachten!

AMYNTICHUS. Der Feind verachtet nie, was Griechen sind; (291)
    Und meine Mutter sagt: ich sey ein Grieche!

AMPHITRUON I. Nun freilich, wenn's die gute Mutter sagt!
              (ihn auf den Arm nehmend.) So komm' nur!

1890 ALKMENE. Und diese Zeichen böser Vorbedeutung? —

AMPHITRUON I. Sey ihrentwegen unbesorgt, Alkmene!
    Tritt freudig hin zu Jupiters Altar! (292)
    Nicht zürnt dir Jupiter, er freu't sich deines Anblicks;
    Und was du bittest, wird Er dir gewähren!

      (mit Alkmenen und Amyntichus ab.)

Sofia II.

Voll von Kuchen trägt er beyde Hände,
ju ju jubilo ohn Ende!
So! Nun hurtig den Pokal!

Vers 2513/2525

VIERTER AUFZUG. (II 3)

ERSTER AUFTRITT. (II 5)

Das Innere des Hauses.

*Amphitruon I. und Alkmene, an einer Tafel. Vor ihnen aufwartende
Diener und Damodokles mit seiner Leier.*

AMPHITRUON I.
Vollbracht ist glücklich und erwünscht des Opfers Feier:
Damodokles, du, rühre nun die Leier!

DAMODOKLES. Vergönnet mir, daß ich mit froher Weise (II 6)
Zuerst den Schutzgott dieses Hauses preise!

AMPHITRUON I. So sing', und singe so begeisternd schön,
1900 Als wär' er selbst bei Tafel gegenwärtig!

ALKMENE. Ich hörte stets, er sey den Guten nah.

AMPHITRUON I. Dir ist er näher, wie du glaubst, Alkmene!

ALKMENE. Oft wünscht' ich schon, in frommer Kindlichkeit, (II 7)
Den letzten Saum von seinem Kleid
Nur, mein Amphitruon, zu fassen!

AMPHITRUON I. Lebend'ges Wirken ist der Gottheit Kleid;
Natur der Saum, woran du sie mußt fassen! —
Sieh, was im Kiesel funkt; — im Abendstrahl; —
Was grün im Schatten quellt; — im Moose lichtet; —
1910 Was singt im Vogel; — anschießt im Krystall; —
Was sich ein Kleid aus Sonnenstrahlen dichtet; —
Was in Hesper'scher Früchte goldnem Ball; — (II 8)
Was in's Geheimniß tief des Lebens flüchtet; —
Was still in Blumen sich entwirkt; — im Kinde
Neun Monat reift für Lebenslabyrinthe:
Und nicht nur dies — im Früh- und Abendroth; —
In Auf- und Niedergeh'n; — in Feld und Heiden; —
In Lichtes Wiederkommen; — Sonn' und Tod;

In Land und Meer; zweilebig zwischen beiden; —
1920　Was, auf Natur ihr stilles Machtgebot,
In Vogel, Pflanz' und Thier, sich will verkleiden: —
Auch in dir — um dich — bei dir, ist der Gott!　　　　(II 9)
In Licht — in Schall und Luft — im Meer der Töne,
Vernimmst du ihn, und hörst du ihn, Alkmene!

ALKMENE. Ja, du verkündigest mir seine Gegenwart;
Denn so begeisternd schön ertönte nie
Noch deine Lippe, mein Geliebter, mir!

AMPHITRUON I. *(ihre Hand fassend).*
Wohlan — so gieb ihm ganz, dem süßen Wahn, Gehör,
Und denk', Alkmene, auch dies Bild von mir,　　　　(II 10)
1930　Das sich in deinem Aug' hier widerspiegelt —
Sey Jupiter —

ALKMENE.　　　　Halt ein, Amphitruon!
Vermessen spielt dein Sinn mit hohen Worten:
Wir brechen lieber davon ab! — *(zu dem Sänger.)* Das Lied,
Das Lied, Damodokles, das du versprochen! —
Du zögerst lange — sing' es in die Leier.

DAMODOKLES. Sogleich!
(singt.) Sieh, der Regen ertroff — aber die süßlächelnde Danaë　(II 11)
Saß im ehernen Thurm; horchte der sanft träufelnden Tropfen
　　　　　　　　　　　　　　　　　　　　　　　Fall:
Sieh, der Regen ertroff — über die Dachrinne geschlichen kam
1940　Zeus, in Regengestalt, nieder das Dach, über den Hof, wo ihn
Leis'-anathmend der West wehete. — Süßlächelnde Danaë,
Du empfingst in den Schoos, niedergeströmt, Zeus, den Gewal-
　　　　　　　　　　　　　　　　　　　　　　　tigen!

ALKMENE. Genug, Damodokles! — Ein andres Lied!
Nichts mehr von dieser Tonweis'!

DAMODOKLES.　　　　Ich gehorche.　　　　(II 12)

AMPHITRUON I. Wie? so verschmäh'st du sie?

ALKMENE.　　　　　　　　Ich haß' die Leier,
Die wiederklingt von schnöder Weichlichkeit!
(zu Damodokles.) Worin der Gott uns andern Menschen gleicht,
Davon ist uns zur Gnüge längst bekannt;
Du aber, weiser Sänger, lehre uns,
1950　Wie Menschliches zum Göttlichen erhöht wird.

AMPHITRUON I. Fest steht doch dein Vertraun zu Jupiter,   (II 13)
    Und fragst nicht, ob er es verdient, Alkmene?

ALKMENE. Was er wohl nicht verdient, ist diese Frage! —
    Denn ist mir heut' durch ihn nicht der Gemahl genah't!

AMPHITRUON I. So glaubst du freilich; aber wie? wenn dennoch
    Du dich in ihm geirrt; wenn er vielmehr
    Es wär', der den Gemahl von dir entfernte? —

ALKMENE.   Nimmermehr!   (II 14)
    O, mein Amphitruon, schon wiederum ein Zweifel?
    So laß mir doch den kindlich schönen Glauben
1960   An seine Lieb', an seine Göttermacht!

AMPHITRUON I. Daß Er dich liebt, ist wohl nur zu gewiß!

ALKMENE. Dich, mich, Amyntichus — uns alle, liebt er!

AMPHITRUON I. Was hast du dessen für Beweise?

ALKMENE.   Heute,   (II 15)
    Als ich an seines Altars Stufen kniete —

AMPHITRUON I. Du nanntest, hört' ich, häufig meinen Namen;
    Alkmene, darf ich dein Anliegen wissen?

ALKMENE. Die still bescheiden eines Gottes Ohr
    Vertraute Bitte flieht selbst eines Gatten Nähe;
    Doch — wenn du in mich dringst: so höre dann! —
1970   Ich bat von ihm: o, Vater Jupiter,
    Der du die weiten Höhen des Olymps durchherrschest,   (II 16)
    Den nie der grauen Jahre Lauf erreicht,
    Indeß ein Tag den Sterblichen nur angehört:
    Gieb mir — zufrieden mit Amphitruon
    Zu wohnen hier, in Thebens kleinem Hause,
    Das hinten aus nach Dirce's Brunnen sieht! —
    Ich bat noch mehr — vergieb mir! — Mit Erröthen
    Gesteh' ich dir es, mein Gemahl — ich habe
    Dir stille Schuld und Unrecht abzubitten;
1980   Auch siehst du, wie sie mir die Augen niederdrückt!

AMPHITRUON I. *(ihre Hand fassend).*   (II 17)
    Und was für Unrecht?

ALKMENE.   Ein Verdacht auf deine Treue,
   Wozu mich dieser Sosia bewog;
   Denn seine Reden machten mich so sorglich!

AMPHITRUON I. Auf meine Treu'?

ALKMENE.   Ich bat — o sieh, ich könnte
   Mir gram um dieser Bitte wegen seyn;
   Denn, kannt' ich dich nicht, mein Amphitruon?
   Und deine Seele, rein und unbefangen,   (II 18)
   Und offen, wie sie ist: — wie wäre sie
   Wohl des geringsten Trug's und Argwohns fähig;
1990   Und dennoch bat ich so von Jupiter —
   Denn ich befürchtete, daß Trennung mir
   Von dir nun, mein Amphitruon, bevorständ':
   O, Vater Jupiter, hab' ich in stiller Andacht,
   Je am Altar dir Kerzen angezündet,
   Vor allen Himmlischen dir mein Vertrau'n geschenkt:
   So woll' auch heut' nicht dies Vertrauen täuschen;
   Und gieb nicht zu, daß eine fremde Liebe   (II 19)
   Den schönen Bund uns stören möge, der
   Amphitruon, mich und dies Kind vereinigt!

2000 AMPHITRUON I. Und gab der Gott dir ein Gewährungszeichen,
   Daß keinem Dritten dies gelingen würde,
   Und wär' er's selbst auch?

ALKMENE.   Ja! denn als ich noch
   So betete — da war es mir, als ob
   Sein Haupt in Weihrauchwolken feurig schwankte;
   Als nickten mir ambrosisch seine Locken   (II 20)
   Ein majestätisch gnädig Ja — und tief
   In meinem Herzen rief's: er hat's erhört!

AMPHITRUON I. *(der indeß plötzlich aufgestanden und einige Schritte
vorwärts getreten ist).*
   Er hat's! —

   (zu Damodokles, der seine Leier auf's Neue stimmt.)

     Ein ander Mal, Damodokles, jetzt geh!

     (Damodokles ab.)

AMPHITRUON I. *(in sich).* Was giebt's hier zu bedenken, Jupiter?
2010   Dem Gastfreund? — Du? — Ein Schutzgott dieses Hauses? —   (II 21)
   Du — könntest — wolltest — Nimmer — nimmermehr!

Wo lebt ein solches Weib noch, wie Alkmene?
Und die? — Es ist bedacht, beschlossen — fort!
Vergangen sei dies Blendwerk! Tag soll seyn!

(Der Morgen bricht an.)

ZWEITER AUFTRITT.   (II 22)

Damokleia, die Schaffnerin, die mit einer Leuchte in den Saal tritt.

DAMOKLEIA. Verzeiht, wenn ich Euch unterbrech'! Ihr habt
   Damodokles, den Sänger, fortgeschickt:
   So hielt ich dieses für des Aufbruchs Zeichen.
   Das Lager ist bereit — folgt meiner Leuchte! —
   Kommt!

AMPHITRUON I. Damokleia, habe deiner Dienste Dank;
2020   Doch sey für dies Mal ihrer überhoben;   (II 23)
   Denn schwerlich möchte dir Amphitruon sie danken!

DAMOKLEIA. Wie?

AMPHITRUON I.   Fragt nicht, forscht nicht weiter! Ich muß fort!

DAMOKLEIA. Die Schwalbe zwitschert am Gebälk; der Tag bricht an;
   Schon liegt auf jenem Berg ein grauer Schimmer;
   So bleibt doch, lieber Herr, bleibt bei uns, bis es Tag wird,
   Bis vollends Nacht und Nebel ganz zerfließen!   (II 24)
   Es ist die Nacht ja keines Menschen Freund!

ALKMENE *(die ihm indeß mit Bekümmerniß näher getreten ist).*
   Was hast du, mein geliebtester Gemahl,
   Was so dein Innerstes bewegt, für ein Geheimniß? —

2030 AMPHITRUON I. Du sprichst mit diesem Wort es aus, Alkmene;
   Du giebst mit ihm mir mehr, als mir gebührt!

ALKMENE. Wie? Kaum gekommen, willst du mich verlassen?   (II 25)

AMPHITRUON I.
   Denk, daß nicht weniger mir diese Trennung kostet,
   Als dir —

ALKMENE.   Und dennoch?

AMPHITRUON I.   Dennoch!

ALKMENE *(indem sie seine Hand aus der ihrigen läßt).*
Nun, so geh'!
So geh', hartherziger, und rauher Mann!

AMPHITRUON I. Nicht so, Alkmene, nein, nicht ohne Abschied!   (II 26)

ALKMENE *(mit von ihm abgewendetem Gesicht).*
Geh' nur, du hast Alkmenen nie geliebt! —

AMPHITRUON I. Bei unsrer Lieb' beschwör' ich dich, Alkmene,
O, wende mir dein holdes Antlitz zu!
2040   Gieb dem Gescholtenen ein freundlich Wort! —
Du redest nicht? du schweigst noch immerfort? —
Zu hart ist dies Verstummen! — Nun wohlan,
So geh' ich dann, weil du's so will'st — leb' wohl;   (II 27)
Doch nehm' ich mit von hier die Ueberzeugung,
Alkmene: zeigt' ich mich in meiner wahren
Gestalt, du würdest so — nein, so mich nicht entlassen! *(ab.)*

ALKMENE *(die sich plötzlich nach ihm umwendet).*
Was ist's, was dich davon zurückhält? — Er ist fort!
O, seltsam, seltsam unerhörtes Räthsel!
Ich will ihm nach; ja, diesen Augenblick;
2050   Er kann, er darf mir die Erklärung nicht verweigern!
Er ist sie meiner Treu' und Liebe schuldig!   (II 28)
Gieb schleunig, Damokleia, mir den Schleier!
Ha, wenn er etwa gar nur nicht schon fort ist!

DAMOKLEIA *(die ihr den Schleier überwirft).*
So steh' doch, Kind, bis ich ihn dir befestige! *(ihr nach.)*

DRITTER AUFTRITT.   (II 29)

Platz vor dem Garten.

AMPHITRUON II. *(auf- und abgehend).*
Da spiel' ich nun auf's Neu die Narrenrolle,
Zum zweiten Mal geäfft von einem Sklaven!
Und harr' und harr'! — Verdammt die Narrentheidung!
Das hast du heut' mir nicht umsonst gethan!
Da helf' ich über'n Zaun mit der Laterne
2060   Ihm über, und nun — wer nicht kommt, ist Er!
Doch still! — Das Pförtchen knarrt — das wird er seyn!
Nein — abermal getäuscht! Er ist es nicht!   (II 30)

Ein Mann und eine weibliche Gestalt,
Mit einem weißen Schleier, die sich nähern!
Was wollen die so spät in meinem Haus'?
Ihr Weggehn, da ich komm', erregt Verdacht:
Ich will ein wenig doch, mit eingezogener
Laterne, hier im Busche sie erwarten! *(tritt zurück.)*

VIERTER AUFTRITT. (II 31)

Amphitruon I. Alkmene (beide aus dem Gartenpförtchen hervortretend).

ALKMENE. So läßt du denn durch nichts zu bleiben dich erbitten? —

2070 AMPHITRUON I. Alkmene, denk nur dran, was ich dir vorhin sagte!

AMPHITRUON II. *(seitwärts).*
   Alkmen'? — Es kann nicht seyn! schweig, niedriger Verdacht!

ALKMENE. (II 32)
   Wohl seh' ich, nicht verschwiegst du mir vorhin die Wahrheit!

AMPHITRUON II. *(seitwärts).*
   Und dennoch — Stimme, wie Gestalt, ist ihre!

ALKMENE. Streng' ist und rauh dem Weibe der Gemahl!

AMPHITRUON II. *(seitwärts).*
   Sie ist's, ihr Götter! Wo verberg' ich meine Schande!

AMPHITRUON I.
   Wenn dein Gedächtniß dies so treu dir aufbewahrte:
   Vergiß auch nicht, was ich hinzugefügt:
   „Doch dem Geliebten, wie ein frei Geschenk, (II 33)
   „Erscheint die Liebe, wie des Lichtes Gabe,
2080   „Und wie der freivergönnte Glanz der Sterne;
   „Der bin ich dir, der will ich stets dir seyn!"

AMPHITRUON II. *(seitwärts).*
   Er ihr Geliebter? Treulos, falsches Weib!
   Mit einem Sklaven so in Einverständniß
   Schlingst du um einen fremden Mann den Arm?
   Ha, nun begreif' ich ganz dich, Sosia! (II 34)
   All' deine List und Ausflücht'! — Unerhört!
   Doch was verzög'r ich länger meine Rache?
   Vor ihren Augen soll ihn dies mein Schwert durchbohren!

AMPHITRUON I. Ich höre Leute — flieh' in's Haus, Alkmene!

2090 AMPHITRUON II. Ihm nach zuerst, dem treulos argen Buhlen;
Sie ist im Hause meines Zorns gewiß!

FÜNFTER AUFTRITT. (II 35)

*Sosia I., der aus dem Gartenpförtchen geschlichen kömmt,
und sich überall vorsichtig umsieht.*

SOSIA I. Ja, such nur, such! Du wirst ihn nirgends finden;
Doch mag ich auch im Haus, im ersten Anlauf,
Nun der nicht seyn, der seinem Zorn begegnet!
Das überlaß' ich lieber meinem zweiten Abbild,
Dem Sosia, der spielt wohl diese Rolle besser;
Als Sklav' ist der der Prügel mehr gewohnt!
Ich denk' — er wird nicht lange mehr zu kommen zögern; (II 36)
Denn aus dem Asopus ist er, durch meine
2100 Veranstaltung, längst wieder aufgefischt! *(ab.)*

SECHSTER AUFTRITT.

AMPHITRUON II. *(der mit langsamem Schritte, und wie in tiefem Nachdenken, von der entgegengesetzten Seite wieder auftritt).*

O, seltsam, seltsam! Spottet Traumgesicht
Auf Traumgesicht denn heute meiner? — Unbegreiflich!
Ich wollt' ihm nach — ich lief in raschem Lauf — (II 37)
Und da ich nah ihm war — ihn schon erreichte:
Da sah ich plötzlich ihn im Busch verdämmern;
Und durch die Nacht erglänzt' ein weißer Lichtstreif. —
Am End' ist alles nur ein Traum, was von Alkmenen
Ich hier und einem fremden Mann geträumt!
Ein Traum? — Nein, nein! vernahm mein Ohr nicht deutlich
2110 Pries er sich, ihr Geliebter nicht zu seyn? [Worte?
Schalt sie die Neigung zum Gemahl nicht Zwang?
Seh' ich nicht hier im feuchten Gras noch Spuren; (II 38)
Fußtapfen zwei — und wieder zwei vereint, —
Die sich bei der Laterne Schein durchkreuzen? —
Hier standen sie einander mehr genähert; —
Hier hielten sie einander fest im Arm; —
Und hier — ihr Götter! ist Alkmenens Schleier,

Den ich ihr aus dem Lager zugeschickt! —
Nun keinen Aufschub länger meiner Rache!
2120   Mit diesem Schleier in der Hand — Wohin? —
Wohin so stürmisch wild, Amphitruon?
Schon ein Mal reu'te heut' dich dein Entschluß: (II 39)
Laß Zorn zum zweiten Mal nicht deiner Meister werden! —
Selbst der gefundne Schleier, was beweist er?
Konnt' ihn nicht Sosia im Busch verlieren?
Konnt' er's nicht seyn, der mir vorhin in's Auge fiel,
Und meinen Argwohn hier mit zwei Gestalten täuschte?
So konnt' es seyn, und ist gewiß so! — Ja,
Eh'r will ich meine Augen zwei Mal Lügen strafen,
2130   Als daß ich ein Mal schuldig dich erkenne,
Geliebteste Alkmene! — Nein, nur klar
Durch dein Geständniß selbst erwies'ne Schuld   (II 40)
Kann mich bewegen, also durch Verdacht
Unwürdig, tief dich zu erniedrigen,
Du edl' und sittigste der Griechen Frau'n!

(mit dem Schleier in's Haus.)

SIEBENTER AUFTRITT.   (II 41)

Das Innere des Hauses.

Alkmene, mit aufgestütztem Arme an einem Tisch sitzend.
Vor ihr stehend die alte Schaffnerin, Damokleia.

ALKMENE. Es kann nicht seyn! Du sagst, er kehre wieder!

DAMOKLEIA *(auf Amphitruon II. deutend, der eben in die Tür tritt).*
Sich selbst!

ALKMENE.   Was bringt mir dieser Wechsel von Gesinnung?

AMPHITRUON II. *(auf sie zu)* Sey mir gegrüßt, geliebteste Alkmene!   (II 42)

ALKMENE *(für sich).*
Ich muß mit Kaltsinn ihn, wie er's verdient, empfangen!

(indem sie sich nachlässig nach ihm umblickt.)

2140   Sieh da, Amphitruon! Bist du schon wiederum zurück!

AMPHITRUON II. *(betroffen).*
Schon wiederum? War ich dir denn nicht lang genug entfernt?

ALKMENE *(leicht).* Mir schien es nur ein Augenblick zu seyn.   (II 43)

AMPHITRUON II. *(für sich).*
 Vier Jahr — ein Augenblick! Welch ein Empfang!
 O, hierdurch wird mein Argwohn sehr bestätigt!
 (laut.) Wohl seh' ich es, daß dir mein Gehn und Kommen
 Gleichgültig hier im Haus ist, da du weder
 Mit Kuß, noch liebender Umarmung, mir
 Entgegen kömmst, so wie du sonst wohl pflegtest!

ALKMENE. Da dir so leicht vorhin der Abschied ward: (II 44)
2150 Schien mir es besser, dir nichts aufzudringen!

AMPHITRUON II. So leicht? — Vorhin? — Vier Jahr — vorhin? —
               Der Abschied? —
 Sehr seltsam find' ich diese Zeitbestimmung!

ALKMENE *(empfindlich).* So seltsam fast, wie deine Wiederkunft!

AMPHITRUON II. *(für sich).*
 Ich bin gereizt, und Zorn thut hier nicht gut!
 Ich muß mich fassen! — Sanfter drum! *(laut.)* Alkmene, (II 45)
 Vergieb mir eine Frag'!

ALKMENE.   Ich habe dir
 So viel schon zu vergeben — eine Frage
 Geht wohl noch obendrein — nur zu darum!

AMPHITRUON II. Ich mögte wissen: warst du heute schon im Garten?

2160 ALKMENE. Und auch mit dieser Frag' ist es dein Ernst?
 Dein völl'ger Ernst? Amphitruon, ist's möglich?
 — Allein was frag' ich noch, dir ist ja alles möglich! (II 46)

AMPHITRUON II. Ich wiederhole sie: warst du im Garten?

ALKMENE *(für sich).* Er wird mir jeden Augenblick mehr unerträglich!

AMPHITRUON II. Und warst du dort — verlorst du diesen Schleier?

ALKMENE *(ohne hinzusehn).*
 Ich weiß nicht — es kann seyn — ich glaube — ja! —

AMPHITRUON II. Sag nein, ich bitte dich, sag nein Alkmene! (II 47)

ALKMENE. Ich bin erstaunt! Was ist dir?

AMPHITRUON II.   Nein, es ist nicht möglich!
 Zu grenzenlos ist des Vergehens Maaß,
2170 Das selbst den Schein verschmäht, der Schande Schleier;
 Denn Schein gerettet zeigt, daß doch die Schaam zurückblieb,

Und eingestandnes Unrecht ist nur ärger! —
Ist dies dein Fall — noch ein Mal, nein, Alkmene —
Nein, darauf war ich nicht mit dir gefaßt!

ALKMENE.
Worauf gefaßt du seyn magst, oder nicht — das gilt mir gleich!   (II 48)
Genug, ich bin des Spiel's hier überdrüssig!

AMPHITRUON II.
Bleib! wohin willst du?

ALKMENE.   Einen Gang zum Garten machen,
Bis dir ein Gott auf's Neu hier dein Besinnen schenkt!

AMPHITRUON II.
Bleib, bleib! Ich hab' ein Recht, dir Antwort abzufordern!

2180   ALKMENE. Wie ich ein Recht, dir Antwort zu verweigern,
Wo roher Trotz sie abzudringen meint!   (II 49)

AMPHITRUON II. Warst du im Garten?

ALKMENE *(nach einer Pause).*   Ja!

AMPHITRUON II.   Wann?

ALKMENE.   Heute Morgen!

AMPHITRUON II. Mit einem fremden Mann?

ALKMENE.   Wenn ihm beliebt,   (II 50)
Mir selber fremd zu seyn — ich habe nichts dawider!

AMPHITRUON II. Und diesen Schleier hier verlorst du dort?

ALKMENE. Davon ist der Beweis in deiner Hand!

AMPHITRUON II.
Nun, Damokleia, hörst du dies ihr offnes Eingeständniß?

DAMOKLEIA. Wohl hör' ich mehr, als meinen Ohren lieb ist,
Du harter, rauher Mann, wie scheltend du   (II 51)
2190   Dein treu sittsames Weib so hart beschuldigst:

Nein, länger trag' ich's nicht, und längst entbrennt
Ob solchem ungerechten Vorwurf mir die Leber!

AMPHITRUON II. *(drohend).*
Schweig!

DAMOKLEIA. Nein, du kannst, du darfst das Wort mir nicht versagen,
Der alten, vielerprobten Dienerin!
Daß du auch dieses weißt, Dorierinnen,
Peloponnesischen Geschlechtes sind
Wir Beid'! Ich ward mit ihr in Einem Haus' erzogen;   (II 52)
Und da die Füße noch ihr lieben Dienst versagten,
Trug ich sie schon als Kind auf meinem Arm;
2200   Nicht blieb ihr Zucht und Frauensitte fremd,
Schied gleich die Mutter ihr zum Hades früh;
Denn stets ermahnend stand ich ihr zur Seite,
Und zog sie auf in jeder Frauentugend!
So unter Hellas schönen Töchtern wuchs
Die Schönste zu dem Reigen sie heran;
Bis du erschienest, und mit argen Schmeichelworten
Sie mir und meiner stillen Pfleg' entlocktest!   (II 53)
Fürwahr, nichts Unerträglicher's doch, als ein Mann,
Der schmeichelnd erst uns manches Gut verheißt,
2210   Und hinterher ein armes Weib mit Argwohn quält! —

(zu Alkmenen gewendet.)

Was weinst du, holdes Kind? — Verdirb dir nicht
Der Augen süßes Licht durch Weinen! — Lebt
Dir doch Electryon, der Vater, noch!
Zu diesem will ich — dieser wird die Schmach,
Der Tochter zugefügt in dir, zu rächen wissen!

AMPHITRUON II. Bleib! Bleib! Ich such' ihn selber auf! Ihr hofft   (II 54)
Umsonst Beschönigung für euern Fehltritt
Von ihm, dem alten redlichen Thebaner!

(im Abgehen zu Alkmenen.)

Uns, denk' ich, ist bereits die Trennung schon gewiß! *(ab.)*

ACHTER AUFTRITT.   (II 55)

2220   DAMOKLEIA. Nun ist das Unglück dir in's Haus gekehrt,
Und sitzt, dir Unheil bringend, an der Schwelle!

ALKMENE. Vergiß nur nicht, o gute Damokleia,
    Daß auch das Glück einst diese Thür besuchte,
    Und seine Kränz' an ihre Pfosten hing!

DAMOKLEIA. Vergiß nur du es nicht in deinem Leid!

ALKMENE. Sey unbesorgt! Es war ein Augenblick,   (II 56)
    Der vorhin mich gewaltsam überraschte:
    Er ist vorbei — und ich bin wieder munter!
    — So ist das Loos des Menschen ausgetheilt:
2230   Er soll nicht mit den flücht'gen Tagen rechten,
    Noch mit der schnell entflieh'nden Stunden Maaß,
    Was sie ihm Gutes oder Böses bringen!
    Einst war ich glücklich — und ich bin zufrieden!
    Ist dir ein einz'ger, schöner Sommertag
    Erschienen; sahest du die Sterne ab und auf,
    Und Mond und Sonne auf und niederziehn,   (II 57)
    In ruhigem und stillverklärtem Glanz;
    Und hörtest du der Vöglein Lied im Wald,
    Und das Gebraus' der Meeresflut am Ufer;
2240   Und legtest dann, nach einem solchen Tag
    Zufrieden, auf den Abend dich zum Schlaf —
    Und schliefst — und schliefst — und wachtest nimmer wieder; —
    Doch hättest du gelebt — und dehnte sich
    Der Raum von deinen Tagen zu der Zahl
    Von tausend auch, und aber tausend Jahren aus,
    Bis in der grausten Zukunft Schooß hinein: (II 58)
    Nichts Schöner's würdest du auf Erden sehn!
    Wie, wenn im Frühling sich Gesproß erneut,
    Erklingt die Weise schön gewohnter Zeit:
2250   So weben und weben ihr Werk die alten Schicksalsschwestern;
    Es tönen die Vöglein ihr Lied im Laube, so heut', wie gestern;
    Es wechseln und wechseln immerdar
    Die Monde, die Wochen, die Tage, das Jahr;
    Es scheinen die Sterne, es regnet, es schnei't
    Nach tausend Jahren, eben so wie heut;
    Denn immerfort, am himmlischen Gewölbe,   (II 59)
    Wie drunten, kehrt in der Natur dasselbe!
    Komm, gute Damokleia, komm und laß
    Amyntichus uns suchen! denn in dieser Stunde

2260 Ist tröstend lindernd seine Gegenwart,
So wie die deinige, mir unentbehrlich! —
(im Abgehen.) Amyntichus, wo bist du, holdes Kind? —

NEUNTER AUFTRITT.   (II 60)

Platz vor dem Hause.

AMPHITRUON I.
Merkur! — Auch unsichtbar vernimmst du meine Stimme,
Und bleibst, entfernt, wie in der Gegenwart,
Mein Bote noch!

SOSIA I. *(erscheint).* So eben gieng Amphitruon;
Er schien zum Besten nicht gestimmt und aufgeräumt!

AMPHITRUON I. Wir sind Ersatz ihm schuldig!

SOSIA I.   Und wofür?

AMPHITRUON I. Für all' die Unruh, die wir ihm verursacht!   (II 61)

SOSIA I. Das geht mit drein!

AMPHITRUON I.   Nicht so, Merkur!

SOSIA I.   Nun gut;
2270 Und wenn's durchaus denn ein Geschenk seyn soll:
Du weißt, er wünscht schon lang' ein kleines Landgut!

AMPHITRUON I. Nichts weiß ich — aber du weißt längst, Merkur:
Daß mich dergleichen Wünsche nichts mehr kümmern!   (II 62)

SOSIA I. Ja — je zuweilen sind sie etwas ungereimt!

AMPHITRUON I. So thörigt, sprich — daß, wo man Einem hilft,
Man Hunderten, und wider eignen Willen, schadet!
Hier ruft in einer Segeltuchfabrik
Ein Meister aus: „wie thu' ich Armer doch
So manchen Stich, den lieben langen Tag,
2280 Auf meine Arbeit krumm und schwer gebückt!
Wie glücklich, wer am Mast die Segel spannt,   (II 63)
Die ich verfertige!“ — Dagegen schrei't
Der Schiffer, wenn das Segel nasser träuft,

Das seine Hand in Sturm herunter heißt:
„Beglückt, wer trocken dich im Winkel nähte!" —
Nun, spräch' ich zu den beiden ungesäumt:
Vertauscht die Rollen da, ihr Unzufriedenen!
Du Schiffersmann, und du da, Segelschneider! —
Du, nimm den Nähring — du, das Steuerruder!
2290   Du näh' das Segeltuch — du spann' es auf! —
Sie wollten nicht! — Was ist mit solchem Volk   (II 64)
Nun anzufangen, als daß, eingenäht
In einen Sack vom gröbsten Segeltuch,
Man sie in's Meer da, wo's am tiefsten ist, ersäufte!

SOSIA I. Nun — nun, gieb du Amphitruon das Landgut nur!
Ich gebe dir mein Wort — er wird schon wollen,
Und ein erfüllter Wunsch ihn nie gereuen!

AMPHITRUON I.
So geh', und bring sogleich das Geld dem Eigenthümer,
In Sosia's Gestalt! —

SOSIA I.   Dort kömmt er selbst,   (II 65)
2300   Frisch aus dem Asopus heraufgefischt,
Und scheint noch etwas auf die Götter ungehalten.

AMPHITRUON I.
Gut, gut! Sein Zorn wird mir indeß die Zeit vertreiben!
Noch soll, eh' wir zurück uns zum Olymp verfügen,
Erst die Verwirrung hier ein wenig uns vergnügen!
Auch ist's so nöthig für Amphitruon! — Der muß erfahren,
Daß er und Jupiter heut' Nebenbuhler waren!
Erfährt er dies nicht selbst aus meinem Mund:
So würde nie sein Herz von Argwohn ganz gesund! *(Sosia I. ab.)* (II 66)

ZEHNTER AUFTRITT.

Amphitruon I. Sosia II. der von der entgegengesetzten Seite auftritt.

SOSIA II. Da wären wir denn wieder, Dank den Fischern
2310   Und ihrem Netz! — Das andre Dankgebet,
Das für die Götter, wollen wir noch sparen! —
(für sich.) Doch sieh! da ist ja wohl mein Herr, Amphitruon! (II 67)
Ich will nur thun, als wär' nichts vorgefallen!
Man richtet so bei ihm mit Zorn nichts aus!

Ich kenn' ihn schon! — Der Hitzkopf der! Er wär' im Stande,
Und ließe mich zum zweiten Mal ersäufen! —

AMPHITRUON I. *(der sich indessen genähert).*
Du scheinst sehr unzufrieden mit der Weltregierung?

SOSIA II. Herr, wer ist's nicht, und wer hat nicht auch darzu Ursach'?

AMPHITRUON I. Gesetzt, du wär'st am Platz von Jupiter: (II 68)
2320   Getrautest du's dir Allen Recht zu machen?

SOSIA II. Bei Ceres, unsrer lieben Frau'n, das denk' ich! — Nach
                                                                 Verdienst
        Mäß' ich das Seine Jedem zu, und's müßte schlimm seyn,
        Wenn's nicht, in vier und zwanzig Stunden längstens schon,
        Weit besser mit der Welt beschaffen wäre!

AMPHITRUON I.
        Du unternimmst nichts Kleines, Freund, und wie gedächtest
        Du denn wohl deinen Tag so einzutheilen?   (II 69)

SOSIA II. Hört an! — Gleich mit dem Früh'sten ständ' ich auf,
        Und nähme nach dem Markt den Lauf,
        Von Bohnen, Linsen, Hülsenfrüchten
2330   Den Preis zu hören, um mit Wind
        Und Regen mich darnach zu richten!

AMPHITRUON I. Nun löblich nenn' ich das und gut gesinnt!

SOSIA II. Das ist nun so, damit das Armuth keinen Abbruch litt!   (II 70)

AMPHITRUON I. Daß du dich seiner annimmst, das ist billig!

SOSIA II. Dann, käm' es weiter auf den Tag,
        Versammelt' ich um meinen Thron,
        In dem olympischen Pallaste,
        Gewerk' und Innungen, so viel
        In seinem Umkreis Theben faßte; —
2340   Die Schuster, Maurer, Fleischer, Schneider,
        Die Schmiede, Tischler, und so weiter;
        Die Oel verkaufen, oder pressen;
        Die Bäcker ja nicht zu vergessen;
        Denn unter'n letzten, güt'ge Götter,   (II 71)
        Sollt ihr nur wissen, hab' ich einen Vetter!

AMPHITRUON I. Und der geht billig allen Andern vor!

SOSIA II. Nun spräch' ich, wäre der Olymp ganz Ohr:
Ich aber redete sie also an —
In corpore — nicht jeden einzeln'n Mann: —
2350 „O, ihr betriebsam edeln Leute,
„Ihr Herren Mau'r- und Zimmerleute,
„Ihr Herren Schuster und Poeten,
„Die ihr euch quält mit Leist' und Pfriem und Nähten,
„Et caetera, et caetera!   (II 72)
„Ich dermal Jupiter, sonst Sosia,
„Ich füge hiermit kund euch und zu wissen,
„Daß euer Zustand mich zum Mitleid hingerissen!
„Wie kläglich ist es in der Welt
„Doch um euch armes Volk bestellt!
2360 „Ihr macht die Schuh — und tragt sie nicht!
„Ihr mäst't die Kuh — und schlacht't sie nicht;
„Ihr baut die Rüb' — und schabt sie nicht;
„Ihr stopft die Wurst — und habt sie nicht;
„Ihr macht die Vers' — und singt sie nicht;
„Ihr pflanzt die Traub' — und trinkt sie nicht; —
„Das soll in Zukunft anders seyn,   (II 73)
„Und Wurst und Vers, und Brod und Wein,
„Und, was von Land kömmt und von Meeren,
„Soll allen Menschen angehören,
2370 „Soll seyn ein ganz gemeinsam Gut." —
Drauf schwenkten frölich All' den Hut
Und riefen: hoch leb' Jupiter!
Ich aber grimm'ger, wie bisher,
Ergriff nun eine Hand voll Blitze,
Die schleudert' ich zum Erdensitze:
„Du, Geizhals, laß den Mammonsschatz,
„Mach' diesen wackern Leuten Platz!
„Schmarotzer, reiche Tagediebe,
„Schabt Euch nur künftig selbst die Rübe!
2380 „Wollt ihr zu Mittag Fisch' verzehren:
„Fischt sie euch selbst in eis'gen Meeren!   (II 74)
„Schmeckt euch ein leckres Wild, ein Reh:
„Laurt selbst ihm auf, im tiefsten Schnee!
„Behagt euch Kuchen —

AMPHITRUON I.   Und so fort!
Das geht vortrefflich, auf mein Wort!

Du hast in Kurzem diese Welt
Ganz umgeformt, was mir gefällt!
Eins tadl' ich nur: du hast indessen
Ja selbst, mein Freund, dich ganz vergessen!

SOSIA II.

2390 Das kömmt sogleich! — Auf ein Mal würd' ich in dem Winkel
Von dem Olymp 'n fremden Mann gewahr,   (II 75)
Der sich bescheiden still im Hintergrund verhielte,
Von mittlerer Statur, lichtbraunen Haaren,
Kurz in den vierz'ger so, in meinen Jahren. —
Drauf fragt' ich Einen der Umsteh'nden also:
Wer ist der Mann? Könnt ihr es mir nicht sagen?
Und drauf erwiederte ein Andrer etwa:
„Das ist der Sosia, des Davus Sohn
„Aus Theben, und der Sklave des Amphitruon!"

2400 Ei ist das der? — Ich habe viel von ihm vernommen:
Sag Einer ihm 'Mal, er soll näher kommen!   (II 76)
Ich muß euch sagen, dieser Mensch gefällt mir;
Er hat so 'was Grundehrlich's im Gesicht,
Was gleich bei'm ersten Anblick für ihn spricht,
Und dabei einen äusserst intressanten Schlag
Von Nase, grad so wie ich ihn am liebsten mag!
Tritt näh'r, mein Sohn, und rede ungescheut!

AMPHITRUON I. Vergönn' ein Wort mir Ew. Oberherrlichkeit!
Der Schurke, dem ihr da das Wort vergönnt,

2410 Ist mir, und das seit heut' nicht erst, bekennt;   (II 77)
's ist der ritzenvolleste, schwatzhaft'ste Bub' in Theben!
Und fängt er ein Mal an: so wird er eben,
Vor Mitternacht, kaum Schwatzens Ende finden —
Und kostbar ist die Zeit, wo Staatsgeschäfte binden!
Zu dem bedenk' doch Ew. Oberherrlichkeit,
Daß ihr, so wie die andern Götter all', noch nüchtern seyd!
Mittag ist da, und ihr habt keinen Bissen noch gegessen!

SOSIA II.

Gut, gut erinnert! Ja, bei'm Styx, das hätt' ich bald vergessen!
Mittag ist da, und noch sind wir so nüchtern, wie ein Fisch! (II 78)

2420 Merkur und Hebe, deckt sogleich den Tisch!
He! Ruft sogleich mir meinen Oberkoch!
Wo bleibt das Essen? denn obgleich ein Gott
Ich bin, ein mächt'ger Gott: so mahnt mich doch

Ganz kläglich hier der unerbittliche
Gebieter Bauch; fürwahr ein kläglicher!
Das allerunverschämteste Gefäß;
Was sonst kein andres faßt, das nimmt er auf!
Linsen thust du in den Quersack: aber nie die schönen Eier;
Denn zu leicht zerbrächest du in dem Quersack dir die Eier:

2430   Milch auch nimmst du in den Handkorb, aber nie mit schönen   (II 79)
                                                 Kuchen;
Denn zu leicht verdürbe da dir die Milch die schönen Kuchen:
So auch füllst du Wein auf's Weinfaß, aber niemals schöne
                                              Krebse;
Denn des Schwimmens ungewohnt sind im Weinfaß schöne Krebse:
Aber der verhaßteste, allen Städten und Provinzen,
Allen Göttern, allen Menschen — er nimmt Eier, er nimmt
                                             Plinsen,
Er nimmt Kuchen, alles, alles, was der Markt bringt zum Verkauf;
Alles nimmt wohl eingestopfet und in ein Gefäß er auf,
Blindes Schaltens und Gebahrens; denn was noch das Schlimmste: so   (II 80)
Wird er des Besitzes nimmer einen Tag im Jahr nur froh;

2440   Denn je mehr er fremde Güter zum Besitz sich angemaßt:
Um so ärger brummt der Wüthrich — darum ist er mir verhaßt!

AMPHITRUON I. Nun darin läßt ein Mal sich keine Aendrung hoffen:
Drum halt ihm immer nur die Tafel offen!
Befehle,
Wähle,
Was von Speisen, Fleisch und Brod
Irgend dir steht zu Gebot!

SOSIA II.   (II 81)
    Auf, rüstig, ihr Schenken, zum himmlischen Mahl,
Merkur, Ganymed, nicht gesäumet!

2450   Wo bleibst du, o Hebe? den goldnen Pokal
Mir gereicht, wie vom Nektar er schäumet!
    Was Köstliches bieten die Kelter, die Trift;
Was gereift in befruchtendem Regen;
Was herbei der Schiffer aus Indien geschifft,
Belade den Tisch mir mit Segen!
    Wein aus Chios;
Aus Ambrazien
Hammelfleisch; aus Lokros Austern;
Schöne Datteln aus Palmyra,

2460	Und ein immer voller Nektarkrug	(II 82)
	Sind zum Mahle mir heut' gut genug!	

(Amphitruon I. verschwindet.
Ein mit Speisen besetzter Tisch steigt aus der Erde.)

SOSIA II. Ha! was seh' ich?
    Träumend steh' ich! —
    Ist Amphitruon verschwunden?
    Hält ein Zauber mich gebunden?
    Sieh, es bauen sich vier Bretter
    Mir zum Tisch auf — alle Götter
    Haben meinen Ruf vernommen,
    Daß ich essen will; sie kommen!

2470   Alle hohe Götterknaben
    Streben heut' mich zu begaben;
    Alle Götterfrauen denken
    Herrlich heut' mich zu beschenken,
    Mich, des Himmels und der Erde Gott!   (II 83)
    Ceres bringt mir hier dies Brod;
    Auch Neptun legt einen Fisch
    Vor mir hin auf diesen Tisch;
    Unter einer Traube Last
    Schwer erlieget Bacchus fast;

2480   Schönes silbernes Geräth
    Bringt Vulkan — und schweigt, und geht! —
    Und was hör' ich unten da? Ein Stück
    Einer lieblichen Tafelmusik? —
    Richtig, richtig! Die Syringen
    Läßt erklingen,
    Munter rührt sie Vater Pan,
    Und ich nehm' ein Liedchen von ihm an!
      Auf's Wohlseyn, ihr Götter und Himmlischen alle,   (II 84)
    In der überirdischen Halle!

2490   Wer klopft? — Es ist Hebe! — Sie bringt den Pokal:
    Nur herein ihr Himmlischen alle!
      Wer klopft schon wieder? Eröffnet die Thür!
    Eröffnet die Pforten mir, Schenken!
    Lyäus, Lyäus, er nahet sich mir
    Mit herrlichen Göttergeschenken!
      Lyäus, von deinem Nektar getränkt,
    Verjüngt sich der Alte zum Knaben;
    Dich aber Minerva, die immer nur denkt,

Dich, Mürrische, mag ich nicht haben!
2500   Herrlich, herrlich, wen die Götter doch besuchen!   (II 85)
Feigenzelten, Wein und Kuchen
Sind bescheret,
Und gewähret;
Kirsch und Pflaumen,
Seinem Gaumen;
Maulbeer'n schwarz, und Erdbeer'n roth;
Quittenbrod;
Alles steht ihm zu Gebot!
Selbst Neptun,
2510 Am Harpun,
Muß ihm Fisch' am Haken bringen;
Und er hört die Sphähren singen;
Voll von Kuchen trägt er beide Hände;
Ju — ju — jubilo ohn' Ende!
Und wie herrlich alles, selbst bis auf das Tischtuch!
Diese Leinwand kömmt aus Memphis;   (II 86)
Ich erkenn' es am Gewirke;
Schade wär's, sie zu verderben! —
Ich will sie zusammenrollen,
2520 Und, um sie nicht zu beflecken,
Hier in meine Tasche stecken! *(knüpft sie unter.)*
Auch das Silber läuft nur blau vom Essig an!
Und, ich armer Knecht, ich kann
Die Sardellen ja auch ohne Schüssel essen!

        (indem er sie gleichfalls wegsteckt.)

So! — Nun hurtig den Pokal
In die Hand, und frisch an's Mahl! *(macht sich über das Essen.)*

EILFTER AUFTRITT.   (II 87)

Amphitruon II. Electryon über die Straße her zu dem Hause.

AMPHITRUON II.
Kommt, Vater, kommt! Ich bin gelaßner nun, ihr seht's!
Der Her- und Hinweg hat mich abgekühlt;
Auch euer friedlich Antlitz, ich gesteh's,
2530 Wie eurer Sitten Würd' und Freundlichkeit,
Macht das Vergehn der Tochter mir unglaublich!
Nein, nein, kein Ehebett befleckend Blut

Ist so ehrwürd'gem Stamme je entsprossen! —
Ihr kommt zu selten in die Stadt, mein Vater!   (II 88)

ELECTRYON. Was Volk und Stadt zusammen bringt;
Was Euch in Häuser und in Straßen zwingt,
Die Noth, einander Licht und Kohlen,
Und Kerzen ärmlich abzuholen,
Ist mir zuwider! — Mir genügt ein frei'rer Raum;
2540 Das offne Feld; der grüne Baum;
Des Himmels Blau; der lust'ge Fluß: —
Hier quält mich nicht der Stunden Ueberdruß;
Noch ein Mal wieder jung, wird, unter grünenden Gesträuchen,
Hier still mein Alter einst der Tod beschleichen!   (II 89)

AMPHITRUON II. Nun, kommt in's Haus!

ELECTRYON.   Wenn es nur auf ist!

AMPHITRUON II.   War't
Ihr denn auch heut' schon davor?

ELECTRYON.   Ei freilich!
Und ward, so gut wie ihr, auch abgewiesen!

AMPHITRUON II. Durch wen?

ELECTRYON.   Befragt ihn selbst! Dort steht er — Sosia!   (II 90)

AMPHITRUON II. *(der ihn plötzlich gewahr wird).*
Wie, Schurke, öffentlich hier vor dem Haus,
2550 Auf offner Straße, richtest du ein Gastmahl aus?

SOSIA II. Herr, laßt Euch dadurch nicht zum Zorn entfeuern:
's geht hoch hier her — ja; aber nicht vom Euern;
Denn kurz, damit ihr es nur wißt und faßt:
Ich bin bei Jupiter heut' selbst zu Gast!

AMPHITRUON II.   (II 91)
O, Dieb, wie ihn verworfner nicht der Erdball trägt!
(zu seinen Begleitern.)
He, Sklaven!

DIE SKLAVEN. Herr!

AMPHITRUON II. Fußschellen diesem angelegt!

ELECTRYON. Amphitruon!

AMPHITRUON II. *(seitwärts).* Seyd ruhig, ruhig, Vater!
 Ich geh' in's Haus; doch fest entschlossen, keine
 Maaßregeln, und auch die geringsten nicht,
2560 In dieser Sache übereilt zu nehmen!   (II 92)
 Kommt, eh' wir zu Alkmenen uns begeben,
 Dahier, dem Sklaven erst Gehör zu geben!

(mit Electryon ab in's Haus.)

SOSIA II. Welch ein Wechsel auf der Erde! Noch vor Kurzem war
              ich König;
 Schmaust' an hoher Göttertafel; war mir der Olymp zu wenig!
 Und nun muß ich schimpflich Eisen hier an meinen Füßen tragen!
 Sklaven, was er vor hat, könnt ihr mir es im Vertrau'n nicht
               sagen?

I. SKLAVE. Dich am Strick herabzuschicken, scheint sein Will', in (II 93)
             Pluto's Haus!

SOSIA II. Dieser Weg ist gar zu kurz, und Einem geht der Athem aus!

II. SKLAVE. Oder man wird auch vor Abend noch vielleicht an's
           Kreuz dich schlagen!

2570 SOSIA II. Allzuhoch ist auch beschwerlich! 's Klettern konnt' ich nie
             vertragen!

III. SKLAVE.
 Noch ein Drittes ist beschieden dir vielleicht zum Todesloose: (II 94)
 Du wirst die Cicuta trinken, die ich dir im Mörser stoße!

SOSIA II.
 Pfui, ein kalter Weg! Es schlottern Einem darnach die Gebeine;
 Und darum versieht man billig sich darauf mit Brod und Weine!

(indem er einige Brode und Flaschen mit Wein zu sich steckt.)

Kommt, ihr Schurken, in der Luft auch sind einst eure Grabes-
             mähler:
Daß ihr lebt, ist von den Raben so bloß ein Gedächtnißfehler! —

(ab mit den Sklaven in's Haus.)

ERSTER AUFTRITT.   (II 97)

Das Innere des Hauses. Ein Vorsaal.

*Alkmene. Damokleia. Andria und einige Sklaven. Electryon und
Amphitruon, die in das Zimmer treten. Alkmene ihnen entgegen.*

ALKMENE. Ihr kommt, mein Vater, und mir sagt die Seele,
    Daß mich nun bald kein Zweifel weiter quäle:
    Ihr bringt den Frieden, werdet lösen den Verdacht,   (II 98)
2580   Der unser aller Sinn' umfängt mit Nacht.

DAMOKLEIA. Ihr werdet uns von diesem Manne retten,
    Der, wenn wir euern Schutz nicht hätten,
    Der Weiber schönstes Kleinod, Frauenwürde,
    Der Zucht und Sittigkeit, uns rauben würde!

ELECTRYON. Ja, hart, Amphitruon, ist die Beschuldigung;

    (zu den Weibern.)

    Doch ihr — erwartet auch von mir nicht Billigung!
    Streng, wie ein Rhadamanth, will zu Gericht ich sitzen;   (II 99)
    Nur Recht und Unschuld kann die Tochter schützen!
    Denk, Tochter, nur, du stehst zu Minos Urne:
2590   Dir zieht das Recht und nicht der Vater hier dein Loos!

DAMOKLEIA. Electryon, ihr seyd ein streng gerechter Mann;
    Allein, so hört doch auch zuvor die Tochter an!

ELECTRYON *(der sie in seine Arme schließt).*
    Gern, gern, mein Kind! Du bist unschuldig! Ja mir sagt's mein
                                   Herz: —

    Ein Denkmal, dauerhafter, als von Erz,   (II 100)
    Wovon kein lügenhafter Stein der Nachwelt einst erzähle;
    Der Mutter Angedenken lebt in deiner Seele,
    Der früh beweinten Mutter! Ach, ich übergab
    Sie einst dem Rogus — alles nahm sie mit in's Grab —
    Nur aus des Scheiterhaufens letztem Brande

2600 Noch glänzten herrlich ihre Tugenden dir auf;
Ja, sie begleiten dich in deines Lebens Lauf,
Und ziehn mit dir hinab zum stillen Schattenlande;
Denn dies ist der vergänglichen Geschlechter,
Der Menschen Trost: daß spät auf Söhn' und Töchter   (II 101)
Noch hoher Sinn und Denkart übergeht!
Ist ihres Angedenkens letzte Spur verweht;
Ist weggewandelt längst die Schrift von Marmormahlen:
Noch wird das Wort — die That den spätsten Enkeln strahlen!

DAMOKLEIA. Vergönnt ein Wort der alten Dienerin!
2610 Der Sosia hat mir von Anbeginn
Verdacht erregt: gut wär's, ihn zu befragen:
Auch sind der Leute draussen viel, ihn anzuklagen!

AMPHITRUON II. Laßt sie herein! Sie finden hier ein offnes Ohr!   (II 102)

(man öffnet die Thüren.)

Es bring' ein Jeder seine Anklag' vor!

ZWEITER AUFTRITT.

Sosia II. in Fesseln. Ein Paar Fischer.

AMPHITRUON II. Wer seyd ihr?

DIE FISCHER.   Ein Paar Fischer!

I. FISCHER.   Simon Stock,   (II 103)
Der Aeltere!

AMPHITRUON II. Eu'r Handel?

I. FISCHER.   Stockfisch, Herr, zehn Gulden 's Schock!

AMPHITRUON II.
Und du?

II. FISCHER.   Herr, auch ein Stock, der Stock vom Steinwall;
Doch mein Artik'l ist marinirter Aal!
Da hier, Herr Simon Stock, das ist mein Ohm;
2620 Wir fischten gestern beid' in einem Strom;   (II 104)
Da hatten sie den Kerl da h'nein geschmissen:
Der hat, bei'm Aufzieh'n, uns das Netz zerrissen!

123

I. FISCHER. Und da, nach Fischerrecht nun und Gesetz,
  Dem Fischer angehört, was ihm sein Netz
  Von Fischen aufbringt: sey es, was es wolle!
  Ein Hecht, ein Steinbutt, oder eine Scholle:
  Bestehn wir von dem Kerl entweder auf Ersatz;
  Wo nicht, so führen wir ihn auf den Sklavenplatz!

SOSIA II. Ein schöner Plan, ihr Stockfisch'! Und wie viel (II 105)
2630 Glaubt ihr für mich, mit Stumpf und Stiel,
  Zu kriegen wohl?

II. FISCHER.   Ei nun, zum Ankauf doch von ein Paar neuen
            Netzen!

SOSIA II. Narr'n ihr! kaum so viel, einen Flick auf's alte euch zu
            setzen!

AMPHITRUON II.
  Ihr seht, ihr müßt vor gleichem Fang euch künftig hüten;
  Für diesmal, Fischer, will ich euch das Netz vergüten!
  Doch welch ein neuer Lärm, der dort hereinbricht? (II 106)

EINE SKLAVIN.
  Es läuft, Herr, ein Gerücht im Volk: „es gäb' hier ein
  „Austheilen heut', von Wein und Sesamskuchen!"
  Die Frauen wollen nun davon versuchen:
  Darum versammeln sich die Männerhaufen;
2640 Und darum kommen Weib und Kind gelaufen!

            Gedräng' unter der Saalthür.

ERSTES WEIB *(mit einem Wasserkruge auf dem Kopf).*
  Weiber, lasset mich voran!
  Unbemerkt von meinem Mann,
  Bin ich aus dem Haus geschlichen; (II 107)
  Bin ich aus der Straß' entwichen;
  Angelehnt nur ist die Thür:
  Weiber, laßt den Vortritt mir!

EINE ALTE *(zu der Vorigen).*
  Kind, das Alter halt' in Ehren!
  Meine Tochter will gebähren,
  Und Lucina sie besuchen;
2650 Nur ein Stück vom Opferkuchen
  Komm' ich, um ihr mit zu bringen;
  Gebt es mir vor allen Dingen!

EINE DRITTE *(zu den Umstehenden).*
Ist das nicht die Wittwe des
Kupferschmidts Kallipides?
Weiber, der vergönnt den Vortritt!
Solch ein edler Kupferschmidt,
Wie Kallipides, ihr Mann,   (II 108)
Wird nicht mehr gesehn fortan.

DIE ANDERN WEIBER *(ihr Platz machend).*
Ihre Tochter will gebähren:
2660   Lasset uns Lucina ehren!
          Gedränge von Männern am Eingang.

DIE MEISTER IN ERZ UND ALLERLEI GOLDARBEIT.
Wo sind die funfzehn Kühe, daß wir ihnen
Die Hörner vergolden? denn müßig steht das Haus,
Der schöne Blasebalg indeß; es feiert
Die Zange und der Ambos an der Wand,
Und manches schöne Werk harrt der Vollendung!   (II 109)

DIE MEISTER DES BEILS.
Wo sind die funfzehn Stier'? die hundert Schafe?
Und die zwölf Widder des Amphitruon?
Daß wir sie schlachteten, daß wir sie zum Opfer
Bereiten: sagt ihm, daß wir die schönen Häute,
2670   Dahier genaht sind, ihnen abzuziehn!

BYBACHIDES. Wo ist der edle Held Amphitruon,
Der heldenmüthig so für Theben focht?
Mit seiner harten Wund' am Kniegelenk?   (II 110)
Ihr Andern, laßt mich durch! Platz ihr Thebaner!
Hier bring' ich Binden, auch ein schneidend Werkzeug;
Und giebt es was zu brennen, trägt mein Lehrling,
Antiochus, aus Antiochien,
Das schöne Kohlenbecken hinterdrein!

DAMOKLEIA. Ihr guten Leute, Nachbarn, hört mein Wort!
2680   Es ist ein Irrthum hier, ein Mißverständniß!

EINIGE. Kein Irrthum!

ANDERE.   Keineswegs ein Mißverständniß!   (II 111)

NOCH ANDERE. Es hat der Sosia uns herbestellt!

125

DIE MEISTER IN ERZ.
Um funfzehn Küh'n die Hörner zu vergolden!

DIE MEISTER DES BEILS. Die Häute hundert Schafen abzuziehn!

BYBACHIDES. Den Pfeil dir aus dem Kniegelenk zu nehmen!

DIE WEIBER. Und schöne Opferkuchen zu empfahn! (II 112)

SOSIA II. Ich? — Sterben will ich, weiß ich davon eine Sylbe!

DAMOKLEIA. So haltet euch an ihn, der's Euch versprochen!

EINIGE. Nehmt in die Mitt' ihn!

ANDERE. Faßt ihn mit der Zange!

2690 WIEDER ANDERE. Schwingt über ihm das Beil!

NOCH ANDERE. Vergoldet (II 113)
Die Hörner ihm!

DIE ERSTEN. Und zieht die Haut ihm ab!

DIE LETZTERN. Die Linsen!

DIE WEIBER. Die Bohnen!

DIE KINDER. Und die schönen Opferkuchen!

BADERLEHRLING.
Kommt, Meister, kommt! Hier giebt es blut'ge Köpfe!

BYBACHIDES. Um desto besser, Narr! So bleib doch nur! (II 114)
Das halbe Tagewerk ist so versäumt;
Vielleicht giebt's nebenbei ein kleines Scharwerk!

EINE SKLAVIN. Es ist ein neuer Andrang um dies Haus!
Zwölf Hirtenknaben ziehn an Seilen Widder;
Und funfzehn Opferstiere, hundert Schafe;
2700 Sie brüllen laut um Einlaß an dem Thor!
Dort kömmt Melanthes selbst, der Oberhirt!

AMPHITRUON II. Was bringst du mir, Melanthes? (II 115)

MELANTHES. Funfzehn Stück,
Die ausgesuchtesten der Heerde — hundert Schafe —
Und auch zwölf Widder — alles, Herr, wie du geheißen!

AMPHITRUON II. Wie, ich geheißen?

MELANTHES.   Ja — auf Sosia's Befehl,
Besorgt' ich augenblicklich die Vollbringung!

AMPHITRUON II. Ihr Männer Thebens, ist dies gleich ein Irrthum,
Und meiner Habe Letztes dies: so sollt   (II 116)
Ihr dennoch diesen Irrthum nicht entgelten;
2710   Es bleibt demnach das Mahl Euch angeordnet!

EIN ALTER. Das wolle Jupiter verhüten, daß
Wir unserm Feldherrn, dir Amphitruon,
Den Wespen gleich, das schöne Haus verwüsten!
Ihr Männer, Weiber, geht an euer Tagwerk,
Wie stets, der Eine hier; die Andre dort,
An Brunnen, und auf öffentlichem Markt! —
(zu Amphitruon II) Du siehst, sie weichen friedlich aus einander; (II 117)
Denn stets bist du im Herzen uns geachtet!

AMPHITRUON II. Ich dank' Euch, guten Leute; Dank, Thebaner!

(das Volk verläuft sich.)

AMPHITRUON II. *(der, nachdem er eine ganze Weile wie in tiefem
Nachdenken gestanden, auf Alkmenen zueilt, und ihre Hand faßt).*
2720   Vergieb, Alkmene! — Dieser neue Zufall —
Der des Betrug's so überwies'ne Sklav! —
Kann seyn — der lange Weg hierher — die Nacht,
Mit Truggebilden meinen Sinn verwirrend —   (II 118)
Kann seyn, daß sie vielleicht —

ALKMENE.   O rede, mein Gemahl!
Dein Schicksal macht mich bang; vergeben sey
Dir jeder Argwohn! — Auf, und reibe hell
Das Trugbild dir von deiner Stirn! — Schau auf!
Ich bin dein Weib, dein liebend treues Weib! — Du, Damokleia,
Reich' einen Becher Wein ihm zur Erquickung!

DAMOKLEIA *(einschenkend).*
2730   Je mehr auch ich darüber sinne: wird's auch mir
Begreiflich! — Ja, sein Abschied, den vorhin so plötzlich   (II 119)
Er von uns nahm — und dies Verkennen — ein erzürnter Gott
Verfolgt ihn — o, es ist nur zu gewiß!

127

Amphitruon

(indem sie ihm den Becher reicht.)

Trink, trink, geliebtester Amphitruon!
Ob mild vielleicht ein Gott sich dein erbarmend,
Von deiner Stirn das böse Traumbild nehme,
Das vorhin dich so arg geängstet hat!

(nachdem er getrunken.)

Wie ist dir, Lieber, kömmt dir die Erinn'rung?
Kömmt freundlich dir die Gegenwart zurück?

2740 AMPHITRUON II. Ja, gute Weiber, seht, ich geb' mich schuldig!   (II 120)
Doch jedes Vorwurfs bist auch du nicht frei;
Nein, nein, geliebteste Alkmene, hier kein Einwurf!
Wozu vorhin der laulichte Empfang,
Als ich in's Haus hier aus dem Garten eintrat!
Dies mußte meinen ungegründeten
Verdacht, ja ohne Noth, bestätigen! —

ALKMENE.   Und konntest,
Nach einem kaum minutenlangen Abseyn;
Nach einem solchen Abschied, mein Gemahl,
Du einen wärmeren Empfang von mir vermuthen?   (II 121)

AMPHITRUON II. *(wie träumend).*
2750   So kurz vorhin nur war ich da gewesen?

ALKMENE. O, immer noch so weit, so weit abwesend?
Ist alles denn von den Gedächtnißtafeln
Dir, mein Amphitruon, hinweg gewischt?

AMPHITRUON II. Ich bitte dich, Alkmene, frisch' es auf!
Still' mir, durch eine freundliche Erzählung,   (II 122)
Von alle dem, was hier begegnet ist,
Die Unruh, und verscheuch' die Plagegeister,
Die meiner sich auf's Neu bemächt'gen wollen!

ALKMENE. Wohlan! — Es kam des holden Schlaf's gewohnte Stunde,
2760   Und ruhig feierte das Tagewerk:
Als plötzlich alle Thüren hier in ihren Angeln klangen;
Ein Rufen durch das Haus erscholl: er kömmt — er naht! —

AMPHITRUON II. *(unruhig).*
Wer kömmt? wer naht?

ALKMENE.   Du selbst!   (II 123)

AMPHITRUON II. *(betroffen).*   Ich? — aber weiter, weiter!
    Und du? —

ALKMENE. Nie fühlt' ich höher wohl mein Herz im Busen schlagen;
    Ich lief entgegen dir — du drücktest warm
    Mir einen Kuß auf meine Lippen — lagst in meinem Arm —

AMPHITRUON II. *(entrüstet).*
    Und du gestattetest? —

ALKMENE.   Nach so viel Trennungstagen —   (II 124)
    Wie konnt' ich dir des Wiedersehens bitter süße Lust versagen!

AMPHITRUON II. *(mit steigendem Unmuth).*
2770   Du gabst es zu?

ALKMENE.   Versagen, warum du so liebevoll,
    So dringend bat'st?

AMPHITRUON II.   O freilich, freilich wohl!
    O Weiber, Weiber!
    So seyd, so war't ihr, seit den ersten Schöpfungstagen:
    Zwei Augen ja — und eine Zunge nur, um Nein zu sagen!

ELECTRYON. Nein, Eidam, dieser neue Anfall eurer Launen: (II 125)
    Er setzt mich in das höchlichste Erstaunen!

DAMOKLEIA.
    Mich auch! — Wie? Bald ist ihm zu laulicht ihr Empfang;
    Bald wieder schilt er sie, daß ihn ihr Arm umschlang?

AMPHITRUON II. Vergieb, Alkmen', und ist ein kränkend Wort
2780   Mir irgendwo entflohn: vergieb — und fahre fort!

ALKMENE. Nein, dring' nicht weiter in mich, mein Gemahl!
    — Hier saßen wir an dieser Säul' im Saal —   (II 126)
    Amphitruon, was willst du, daß ich weiter spreche?
    Spar' ein Geständniß mir von meiner Schwäche,
    Die ohnedies dir sattsam ist bekannt!

AMPHITRUON II. Es herrscht hier, gutes Weib, ein Mißverstand;
    Ich muß dich bitten, nichts mir zu verhehlen:
    Es gilt hier meine Ehr' und dein'! —

ALKMENE *(mit einiger Ueberwindung).*   Ich will erzählen!
    Es trat Damodokles, der Sänger, in's Gemach:
2790   Da ward in uns die alte Sehnsucht wieder wach,   (II 127)

Und über uns kam, frisch und jung,
Längst abgeschiedner Tag' Erinnerung.
Es neigte, in dem Klang der goldnen Saiten,
Herunter sich ein Bild der alten Zeiten;
Wie aufgeweckt von süßen Leiertönen
Stand träumend Liebe da; ein süßes Hoffnungswähnen
Ergriff' uns Beid', in Zukunft nie nun mehr getrennt zu seyn:
So wandelte, in holdem Sternenschein,
Der Tag zu unsern Haupten in der Ferne,
2800   Und wir vermißten Phöbus Licht recht gerne:
Ein jedes deiner Worte that mir glühend Liebe kund: (II 128)
Bald zogst du heftiger, und Mund an Mund,
Mich an dich an — wie wenn der Liebe erst Erkennen
Uns anhub: batst du mich, Geliebter dich zu nennen,
Und nicht Gemahl — du priesest glücklich des Geliebten Loos: —
Bald wieder nahmst du mich auf deinen Schooß: —
Und wie du mich umschlangst, und wie du vor mir standest:
Mit tausend süß erfundnen Namen mich benanntest;
Mit Namen, wie sie heiß nur Sehnsucht spricht,
2810   Du mich Alkmene — Weib — dein lang entbehrtes süßes   (II 129)
So stille wandelnd, über unserm Haupt,   [Augenlicht:
Entwich die Nacht uns, ehe wir's geglaubt;
Bis daß zuletzt, da, durch Aurorens grauen Flor,
Nur einzeln schimmerten noch Stern' hervor;
Die Schwalbe zwitscherte ihr Morgenlied am Thor;
Ein rother Abglanz sich bereits in's Feld ergießt —

AMPHITRUON II.
    Halt ein, Alkmene! — Tod ist, was zuletzt das Leben schließt!

    (nach einer Pause.) Und dennoch muß ich alles hier erfahren: (II 130)

    (mit von ihr weggewendetem Gesicht und einem stillschweigenden
        Zeichen der Hand.)

Ich bitte dich, noch ein Mal fortzufahren!

2820   ALKMENE. Bis daß zuletzt, in Osten bei'm Entfliehn
    Des letzten grau'sten Sterns, die Schaffnerin erschien —

DAMOKLEIA.
    Ja, ich erschien. — Mit meiner Leuchte trat ich in's Gemach;
    Noch denkt der Worte mich recht wohl, die ich da sprach,   (II 131)
    Ich sprach: das Lager ist bereit — folgt meiner Leuchte!

AMPHITRUON II. *(der den Becher, den er bis jetzt, in zitternder Be-*
wegung, in den Händen gehalten, plötzlich fallen läßt).
Ihr Götter; so ist meine Schande denn gewiß!
Und hier — erscheint kein neues Blendwerk meinen Sinnen!
— Der Ehrenräuber, ja, er ist es selbst!

DRITTER AUFTRITT.   (II 132)

Die Vorigen. Amphitruon I. und Sosia I., die indeß in den Saal
getreten.

ALKMENE. Ihr Himmlischen!

ELECTRYON.   O, Mächte des Olymps!

DAMOKLEIA. Verleiht uns Beistand!

ALKMENE.   Zwei Amphitruonen!

2830 ANDRIA. Zwei Sosien!

AMPHITRUON II. *(stürmisch auf ihn zu).*   (II 133)
        Zieh, schändlicher Betrüger!
Sind wir auch von Person einander ähnlich:
So, hoff' ich, sind doch unsre Degenspitzen
Verschieden!

AMPHITRUON I. Das kömmt auf die Prob' erst an!

AMPHITRUON II. Ohn' Eingang, zieh!

ALKMENE.   Unsinn'ge, haltet ein!
Vertraut euch nicht des Schwerdtes blutiger Entscheidung!
Wer nachgiebt nur, ist mein Gemahl hier — Niemand sonst!   (II 134)

(zu Amphitruon I., der sein Schwerdt in die Scheide steckt.)

Du bist's! — O, längst hat mir's mein Herz voraus gesagt:
Friedfertiger erschien gleich anfangs mir dein Antlitz:
Du bist Amphitruon, und Jener ein Betrüger!

AMPHITRUON II. *(gekränkt).*
2840   Alkmene!

ELECTRYON. O, vergebt ihr, diesen Irrthum, Eidam,
Wenn's einer ist! Kann ich Euch selbst in nichts doch unter-
                        scheiden!

— Doch sagt, habt ihr kein irgend zwischen Euch verabred't (II 135)
                                          Zeichen,
Das einem Fremdling sich so leicht nicht offenbart?

AMPHITRUON II.
Sonst keins, als hier dies Mahl an meinem linken Arm,
Das ich im Kampfe einst für sie davon getragen!
Hier ist die Wund'!

AMPHITRUON I. *(der gleichfalls seinen Arm aufstreift).*
                Und hier die Narb', Alkmene!

ELECTRYON.
So wächst, ihr Götter, denn Verwirrung auf Verwirrung!
Doch sieh, dort kömmt Nausikrates, der Steuermann: (II 136)
Vielleicht, daß der uns Auskunft geben kann!

VIERTER AUFTRITT.

Die Vorigen. Nausikrates, mit einem Kästchen unter'm Arm.

2850 NAUSIKRATES. Was seh' ich, Himmel? Zwei Amphitruonen,
      In Einem Haus und unter Einem Dach?

AMPHITRUON II. *(auf ihn zu, und ihn vertraulich bei der Hand fassend).* (II 137)
Mein braver Steuermann, getrau'st du, zwischen beiden,
Dich hier wohl deinen rechten Herrn zu unterscheiden?

NAUSIKRATES. Warum nicht, wenn auch nicht an Stimm' und Laute:
Der ist's, der gestern mir dies Kästchen anvertraute!

AMPHITRUON II. *(plötzlich umgewendet zu Amphitruon I.)*
Wo?

NAUSIKRATES *(zu ihm selbst).*
      Ja — so frag' ich: ihr gebt Antwort mir auf dies!

AMPHITRUON II.
Ich gab's dir, als der Feind bereits zum Angriff blies!   (II 138)

NAUSIKRATES. Mit welchen Worten hast du's mir gegeben?

AMPHITRUON II. Das Geld für einen Nothfall aufzuheben!

NAUSIKRATES *(zu dem Andern).*
2860   Wohlan, bist du nicht bloß mein Herr hier von Gestalt:
      So nenne mir sogleich des Kästchens Inhalt!

AMPHITRUON II. Gut, gut, dies sey die Prob'! Ich geh' es ein: (II 139)
    Erräth er's — mag Amphitruon er seyn!

NAUSIKRATES. Wie viel enthält's an Golde?

AMPHITRUON I.   Zwölf Talente!

NAUSIKRATES. Wie viel an Silbermünz'?

AMPHITRUON I.   Eilf tausend Drachmen!

ELECTRYON. Trifft's zu?

NAUSIKRATES.   Bis auf die letzte, kleinste Drachme!   (II 140)

AMPHITRUON I. Neu ausgeprägt!

ELECTRYON.   Wie steht's mit diesem Punkt?

NAUSIKRATES. So, wie er sagt!

AMPHITRUON I.   In Rollen eingepackt!

NAUSIKRATES. Nein, das geht über meinen Schiffsverstand!
2870   Da, überzeugt Euch selbst — hier sind die Schlüssel!   (II 141)

ELECTRYON. Wo ist der Schlüssel?

NAUSIKRATES *(ihn suchend)*.   Kann ich ihn doch gleich nicht finden!

AMPHITRUON I. Such links im Kleid! Er steckt im Zwischenfutter!

NAUSIKRATES *(der ihn hervorholt)*.
    Ei, was zum Henker, woher wißt ihr, Herr, auch dies?

AMPHITRUON I. Ein Einfall blos — er kam mir ungefähr!   (II 142)

NAUSIKRATES. Allein noch eins — wo stand ich, als ihr mir das
                               Kästchen gabt?

AMPHITRUON I. Gleich vor der rothen Thür der Schiffskajüte!

NAUSIKRATES *(ihm die Hand schüttelnd)*.
    Ihr seyd mein lieber Herr, ja, daß euch Gott behüte!
                 (zu Electryon.)
    Schließt auf! Seht da die Beutel! — Zwölf Talente —
    Und, richtig aufgezählt, eilftausend Drachmen!   (II 143)

2880 AMPHITRUON II. Nausikrates, mein braver Steuermann;
    Auch du mit meinem Todtfeind hier im Einverständniß?
    Doch nur Geduld! Noch leben anderswo

Mir treu're Freunde, und die mehr erprobt sind;
Sie hol' ich her, und will mit ihrer Beihülf'
Alsbald den schändlichsten Betrug entlarven! *(ab.)*

NAUSIKRATES. Ja, geh' nur, geh', du kömmst gewiß nicht wieder!
Allein, was wahr ist, Herr, ihr seht euch gleich, wie Brüder! (II 144)

AMPHITRUON I. Du Sosia, lad' auf's Neu das Volk mir ein!
Für Theben muß ein Tag der Lust heut' seyn!
2890   Ihr folgt mir, lieben Freund', indeß zur Tafel!
(indem er Alkmenen die Hand reicht.)
Und, du Alkmene, immer noch voll Mißtrau'n so den Blick?

ALKMENE. Vergieb! — Es naht heut' diesem Haus ein Mißgeschick; —
Bist du Amphitruon: — wirst du dies Mißtrau'n ehren:
Und einem Andern hab' ich ja nichts zu erklären! (II 145)
(mit ihrem Vater, Amphitruon I., Damokleia, und den Uebrigen,
außer Andria und den beiden Sosien, ab.)

FÜNFTER AUFTRITT.

Sosia I. Sosia II. Andria.

ANDRIA *(für sich)*. Und auch zwei Sosien, wie zwei Amphitruonen?
Sie auszuforschen, mag der Neugier schon verlohnen!
(laut.) So sagt mir nur, wer von euch Beiden ist denn hier der
Rechte?

SOSIA I. Ich bin's! (II 146)

SOSIA II.   Nein, Andria, ich bin, wie Gold, der echte!

SOSIA I. Das gute Weib; nun hat, zum ersten Mal,
2900   Sie, zwischen durch zwei Männern, wohl die Wahl!

ANDRIA. Du Schelm; du Dieb! An dir thät ich mich schön bekaufen;
Schon ein und vierzig Freier ließ ich laufen,
Du Taugenichts, als ich dich nahm zum Mann!

SOSIA I. O, warum hast du mir die Gnad' nicht angethan, (II 147)
Und ließ't mich gleichfalls laufen? — Jammerschade,
Sieh, Andria, so blieb die Zahl gerade.

ANDRIA *(mit verbißnem Unmuth)*.
Sag, was ist Chrysososthenes?

134

SOSIA II.   Mein Kind!

SOSIA I.   Mein Blut!

ANDRIA. Nun — daß ihr Beid' ihn anerkennt, ist gut!

SOSIA II.   (II 148)

       Ei, Närrchen du, der Streit, der kam ja aber her von Zwei'n:

2910   Mehr Väter können doch zu Einem Kind nicht seyn!

ANDRIA. Betrüger! Dieb!

       (indem sie hastig Sosia II. bei der Hand nimmt.)

                               Nun komm! 's ist klar! — Ich geb' ihn an! —

Der ist ein Dieb — und du — du bist mein Mann!

       (mit den beiden Sosien ab.)

SECHSTER AUFTRITT.   (II 149)

Platz vor dem Hause.

Thraso, mit den beiden Parasiten Licht und Schatten.

THRASO. Macht meine Ankunft, Licht, schon in der Stadt Rumor?

LICHT.

       Den ungeheuersten! — Man spricht davon, in Stadt und Thor;

       An allen Brunnen und auf allen Straßen;

       Ich darf mich gar nicht sehen lassen:

       So gehn die Thüren und die Fenster auf,

       Und mich umringt sogleich ein Weiberhauf!   (II 150)

       Man steckt mir Briefchen, Liebespfänder zu;

2920   Kurz, man verfolgt mich, ohne Rast und Ruh!

       Was ist's? — Man weiß, Herr Thraso, daß wir Freunde sind,

       Und meine Fürsprach' sucht darum manch schönes Kind!

       Ich thue, was ich kann; ich bin zum Dienst bereit:

       Allein, Herr Thraso, daß euch's Gott verzeiht!

       Ihr mögt mir's glauben, oder nicht; doch sollt ihr wissen:

       Das ist nun schon der fünfte Rockschooß heut,

       Den man mir euretwegen abgerissen!

THRASO. Nun, nun, wir bringen es schon wiederum in's Maß: —   (II 151)

       Nun Kampf und Angriff, daß mir Niemand dies vergaß!

2930   Der tapferste der Köch' und der Soldaten,

       Doriskus, ist uns in Gefangenschaft gerathen;

Wir müssen suchen, daß wir ihn befrei'n!
Auf — mit Blokade oder Sturm, dringt ein!
(zu seinem Gefolge.)
Habt ihr die Schanzkörb' bei der Hand?

GEFOLGE.   Ja!

DIE PARASITEN *(zu dem ihrigen)*.   Frischling, Speisebald! (II 152)
Habt ihr die Eßkörb' bei der Hand?

BEIDE.   Ja!

LICHT und SCHATTEN.   Nun, Trotz des Feind's
                                      Gewalt!

LICHT. Doch horch! Da geht ja wohl die Hausthür drunten?

SIEBENTER AUFTRITT.   (II 153)

Die Vorigen. Amphitruon II., der mit einem Sklaven aus dem Hause tritt.

AMPHITRUON II. O, einz'ger Sklav', den ich mir treu erfunden:
        Lauf zu den Leuten, die ich dir genennt,
        Zu Thraso, Licht und Schatten. *(der Sklave ab.)*

SCHATTEN.   Element!
2940   Das ist ja wohl Amphitruon? — Er ist's, bei meinem Leben!
        Der scheint gar sehr erhitzt; was hat's mit dem gegeben?

AMPHITRUON II. *(der sie gewahr wird)*.   (II 154)
        Gut, daß ihr da seyd, Freund', euch sucht' ich eben! —
        Hört an! Ein schimpflich niedriger Betrüger
        Hat sich von mir, von Teleboäs Sieger,
        Gestalt und Stimme fälschlich angemaßt;
        Mein schönes Gut im Hause wird verpraßt;
        Mein Weib bethört; die Köche sind bestochen;
        Bei allen Nachbarn ist ein Sieden, Kochen;
        Das Volk ist eingeladen zu Gelagen;
2950   Man bringt das Essen mir in's Haus, auf Tragen. —

THRASO. Und ihr — ihr, der rechtmäßige Amphitruon?   (II 155)

AMPHITRUON II. Kein Wort, kein Sterbenswort, weiß ich davon!

THRASO. Solch ein Affront in seinem eignen Aufenthalte?
        Wo ist der Kerl, damit ich wie ein Ei ihn spalte?

Es prickelt mir gewaltig in den Fäusten,
Amphitruon, Euch diesen Dienst zu leisten!

AMPHITRUON II.
Wir haben's hier mit einem sehr verschmitzten Feinde;
Ich hol' mir lieber drum noch ein Paar Freunde! (II 156)
Ihr seyd so gut, bewacht indeß das Haus,
2960 Und laßt mir Niemand, wer es sey herein und Niemand h'raus!

LICHT. Wir schwör'n dir, festes Posto hier zu fassen,
Und keine Feder, keine Klaue durchzulassen! *(Amphitruon II. ab.)*

SCHATTEN. Schon hör' ich drunten einen Fußtritt schallen!

LICHT. Doriskus ist's, der Koch! Der scheint nun auch zum Feinde (II 157)
abgefallen!

THRASO. Ist er's, ich schwör's, so wahr ich ein Soldat:
Mit seinem Tod büßt er mir den Verrath!

ACHTER AUFTRITT. (II 158)

*Die Vorigen. Doriskus, mit einer Schüssel in den Händen. Hinter ihm
Sklaven, die ihn begleiten, ebenfalls mit Schüsseln.*

THRASO *(ihm entgegen)*. Steh, schändlicher, verdammter Ueberläufer!

DORISKUS. Ei, ei, Herr Thraso, warum so in Eifer?

THRASO *(mit gezogenem Schwerdt)*. Verräther du, zerhackt in Stücken,
2970 Will ich zurück dich hier auf dieser Schüssel schicken!
(umgewendet zu den beiden Parasiten, die sich indeß (II 159)
über das Essen hermachen.)
Was macht ihr da, he, Licht und Schatten?

BEIDE *(mit vollen Backen)*. Herr,
Glück zu dem Vorsatz!

THRASO. Nun? —

DIE PARASITEN. Wir machen Euch die Schüsseln leer!

THRASO. Wie, Schurken, ziemt es sich für Euch, auf Schmauserei'n
Und Gaumenlust anjetzt, im hitzigsten Gefecht, bedacht zu seyn?

LICHT. Herr, jeder dient dem Freund', so gut er kann!
Es stammt das Blut, doch nicht der Muth, sich an: (II 160)

Wer keinen hat zu Blutvergießen und zu Kriegen,
So sagt mir nur, woher wohl soll er welchen kriegen?
2980 Von allerältester Stammvaterschaft
Ist jeder Bär ursprünglich bärenhaft,
Ein jeder Haas' ist auch ein Haasenherz jetzunder;
Ein Einfaltspinsel unter'n Füchsen wär' ein Wunder:
Nur seht, der König in der Thiere Reich,
Der Mensch, ist Haas' und Bär und Leu und Fuchs zugleich!
Aus Stoff von jeder andern Thierart hat, aus Eseln, Affen,
Prometheus einst, der Bildner, ihn erschaffen:
Drum herrscht oft in derselben Generation   (II 161)
Der Es'l im Vater, und der Aff' im Sohn!
2990 Ihr seyd ein Leu, wie männiglich bekannt;
Und wohl gebührt das Schwerdt drum eurer Hand;
Ich will mich mit geringerm Ruhm begnügen:
Ein Fuchs will ich stockstill vor dieser Hausthür liegen.
Mein Plan ist: was von Eßwaar' irgend durchpassirt, jetzunder,
Oder nachher,
Herr,
Das schling' ich in demselben Augenblick hinunter:
So giebt, aus Mangel von Proviant,
Der Feind sich auch zuletzt in unsre Hand!   (II 162)
3000 He, Frischling, hier die fünf Laib Brod,
Thu' in den Korb, so wie ich dir gebot!

SCHATTEN. He, hier den Bratfisch, Speisebald,
Auf Kohlen beigesetzt, sonst wird er kalt!

*(indem sie den Sklaven des Doriskus die Schüsseln abnehmen,
und sie in ihre Körbe packen.)*

LICHT. Doch sieh, was kömmt, in wüthend hellen Haufen,
Denn dort das Volk so auf uns zu gelaufen? —

NEUNTER AUFTRITT.   (II 163)

Die Vorigen. Eindringende Volkshaufen.

VOLK. Habt ihr Euch so was 'raus genommen:
Das, Licht und Schatten, soll Euch schlecht bekommen!

EIN ALTER. Habt ihr den Volksschmaus abgesagt?

LICHT *(der sich von ihnen los zu machen sucht.)*
Ei was, ihr Herrn, wir war'n dazu beauftragt!

3010 EINIGE. Zerreißt den Schatten! (II 164)

ANDERE.   Thut das Licht aus!

LICHT. Thut's nicht! Ich sag' euch! 's wird nichts Gut's draus!
    Mein Vater war der Licht- und Kerzenhändler Licht:
    Er schuf ein einzig Licht, mehr — nicht;
    Und ruhete, das sollt ihr merken,
    Darauf von allen seinen Werken!

SCHATTEN. Edle, Thebanische Gemeinde,
    So sehr verkennst du deine Freunde:
    Schatten und Licht —
    Wo das 'reinbricht: (II 165)
3020   Da ist manch armem Erdenkinde Tag gewesen,
    Man wird davon noch spät einst bei der Nachwelt lesen!

LICHT. In der Affaire bei Kuchenlaufen,
    Da focht' ich mit im ersten Glied!

SCHATTEN. Manch armem Ritter hab' ich seinen Appetit
    In der Affaire, bei Hohenapfelstaufen,
    Versalzen. —

DER ALTE. Thut sie ab, nach Urthel und Gesetz!
    Setzt ihnen Richter aus!

EINIGE.   Dahier den Steinmetz! (II 166)

ANDERE. Oder den Färber!

3030 NOCH ANDERE. Ja, oder den Gerber!

VOLK (*zu einigen im Hintergrunde Stehenden*).
    Tret't vor da, Meisters! Ihr sollt Lichten
    Und Schatten in des Volkes Namen richten!

LICHT. Was, richten? Wir erkennen sie nicht an!
    Wer seyd ihr? Sagt uns das erst, Mann für Mann! (II 167)

ERSTER MEISTER. Krieg auf Erden führt der Mensch; Krieg in
                             Lüften führt der Sperber:
    Roth färbt der Soldat sein Schwerdt; roth auch färbt den
                                  Zeug der Färber!

ZWEITER MEISTER. Ehrt dasält'ste Kunstgewerke, was geehrt
                             hat selbst der Schöpfer!
    Wie aus Leimen Gott geschaffen: schafft aus Leimen auch
                                  der Töpfer!

DRITTER MEISTER. Menschen schaffen — so versteigt sich nie (II 168)
          mein Stolz; ich mach' nur Kleider:
3040   Hoch in Lüften singt die Lerche; in der Werkstatt singt der
          Schneider!

SCHATTEN. Respekt vor Euch; doch Schatten kann und Lichten
  Nur Licht und Schatten, ihres Gleichen, richten!

EINER AUS DEM VOLK. Herr Schatten, in Thebanischen Bezirken,
  Thatet ihr, als Schatten, euer Recht verwirken!

EIN ANDERER.   (II 169)
  Herr Schatten, ja man kennt dahier Euch nicht zum besten:
  Man sagt, ihr gieng't drauf aus, nur euern Bauch zu mästen!

SCHATTEN. Ei, Narr'n ihr, die ihr noch nicht wißt:
  Je breiter daß ein Schatten ist,
  Um so bequemer läßt es sich darunter sitzen!
3050   Sagt, thätet ihr mich nicht besitzen:
  Wie würdet Sommers ihr vor Hitze schnappen!

LICHT. Und ohne Licht, da müßtet ihr ja gar im Finstern tappen!

EINIGE. Da hat er Recht!   (II 170)

LICHT.   Ihr solltet eure Freunde besser kennen!

STIMMEN UNTER DEM HAUFEN.
  Löscht's Licht aus!

EIN ALTER.   Nein, laßt's brennen, Meisters, laßt es brennen!

ZEHNTER AUFTRITT.   (II 171)

Sosia I. Haufen von Weibern und Kindern, die ihn begleiten.

WEIBER. Ihr Männer, ist es wahr, daß sich Amphions Wunder
          hier erneuen?
  Man spricht hier von zwei Sosien und zweien
  Amphitruonen!

SOSIA I.   Tretet näher, Alt und Jung,
  Und sehet selber die Bestätigung!

EILFTER AUFTRITT. (II 172)

In dem nemlichen Augenblick, wo Amphitruon II. von der entgegengesetzten
Seite auftritt, erscheint Amphitruon I. mit Alkmenen und Sosia II.
unter der Hausthür.

VOLK. Ihr Götter, zwei Amphitruonen!

3060 EIN ALTER. Zwei Sosien!

MÄNNER.   Wer mag von beiden
Den rechten? —

WEIBER.   Wer den falschen unterscheiden?

AMPHITRUON I. *(zu Amphitruon II).*   (II 173)
Komm, lassen wir des Volkes Urtheil freien Lauf!

EIN ALTER. Wohlan, zählt beide eure Ahnherrn auf!

LICHT. Gevatter Tropf! Derselbe Mann,
Der oft bis drei kaum zählen kann,
Der zählt, daß männiglich sich drob verwundert,
Kömmt er auf seine Ahnherrn, oft bis hundert!

AMPHITRUON II.
Nun, Thraso, ist der Zeitpunkt da, mir Wort zu halten;
Denn du versprachst mir ja, ihn, wie ein Ei, zu spalten!   (II 174)

3070 THRASO. Ja, säht ihr nur einander nicht so gleich, als wie ein Ei
Dem andern: Herr, ich hackt' ihn gleich entzwei!
Doch so — sagt, wer verbürgt mir, daß mein Eisen
Nicht mag dem Freunde selbst den schlimmsten Dienst erweisen?

AMPHITRUON I. Ich lob' es, Thraso, daß du so gelaß'nes Blut's
Hierbei verfährst! —

AMPHITRUON II.   Wohlan, Thebaner, ob ihr feigen Muths, (II 175)
Mich hier verlaßt, vor meines eignen Hauses Thoren:
Nicht hab' ich selber mich und meinen Muth verloren!
Zurück Verwegener!

(indem er auf Amphitruon I. eindringt, der ihn aber kaum mit dem Arm
berührt, als das Schwerdt ihm zerbrochen aus der Hand fällt.)

AMPHITRUON I.   Tollkühner, du!
Eh würdest du das blitzgeröthete Geschoß des Donnrers Händen,
3080   Als dieses Weib hier meinem Arm, entwenden,
Tret' ich sie dir nicht selbst freiwillig ab! —   (II 176)

Was sich in diesem Haus' hier heut' begab:
Es sollte dich die Götter ehren;
Es sollte, Sterblicher, dich zittern lehren!
Du aber giebst dich hin, in blinder Raserei:
Auch siehst du, Niemand dieser Männer fällt dir bei!
(in's Haus rufend.) Doriskus, ist für's Volk das Essen aufgetragen?
Sind die Gezelt' im Vorhof aufgeschlagen?
Sag, sind mit Brod und Wein und Fische
3090   Besetzt die Tafeln und die Tische?

DORISKUS. Ja, Herr!   (II 177)

LICHT.   Thebaner, nun wird's klar! — Ich dächte,
Wer uns zu essen giebt —

VOLK.   Ja, ja, das ist der rechte!

SCHATTEN. So kommt!
(das Volk mit Sosia II., Doriskus und den beiden Parasiten
ab in den Vorhof.)

ZWÖLFTER AUFTRITT.   (II 178)

Amphitruon I. Amphitruon II. Electryon und Alkmene.

AMPHITRUON I.
Du siehst, wie leicht mir's wäre, dich hier auszuschließen;
Doch sollst auch du der Gastfreiheit genießen!
(sich ihm, der indeß in düsterm Nachdenken da steht,
zutraulich nähernd.)
Komm, komm! Gieb ohne Groll mir deine Hand!
Ich geb' es zu — es herrscht hier zwischen uns ein Mißverstand;
Allein erheitre deine Mienen:
Das Ende jedes Irrsals ist erschienen!
3100   Hier schwör' ich dir, bei der Olympier heil'gen Leben,
Amphitruon, was du mir Schuld gegeben,   (II 179)
Ist ohne Grund; bald siehst du selber klar:
Alkmen', Amphitruon — lebt, ein beglücktes Paar,
In Enkeln, die noch spät in Theben wohnen;
Und mag die Fabel von den zwei'n Amphitruonen
Noch ein Fabel für die spät'ste Nachwelt seyn!
Fällt dir noch irgend ein Bedenken ein:
Befrag die alte, treue Schaffnerin!

142

Von dieser laß, von Anbeginn,
3110 Wo deine Heftigkeit sie vorhin unterbrach —
Wie mit der Leuchte sie getreten in's Gemach,
Und was darauf erfolgte — dir erzählen: (II 180)
Und Friede wird es seyn, in deiner Seelen!

AMPHITRUON II. Wer du auch seyst, furchtbarer Unbekannter —
Ein Gott — ein Dämon — hoher Ungenannter:
Du scheinst mit jedem Druck von deinen Händen
Der Seele Innerstes mir umzuwenden!
Wie deine Stimme mir zum Herzen schallt:
Zieht Ueberredung hin zu dir mich mit Gewalt!
3120 Du bist kein Sterblicher — dich hat kein Weib gezeugt!
Alkmene, sieh den hohen Fremdling an! Er schweigt!   (II 181)
Was sagt dein Herz?

ALKMENE. O, eine Ahndung fliegt durch meine Seele;
Ich darf es laut kaum vor mir selber sagen!
Noch minder wag' ich's meine Augen aufzuschlagen;
Mir ist's, ob, strahlend hell von seinem Götterhaupte,
Ein überird'scher Glanz mir keinen Blick erlaubte;
Komm, komm!

AMPHITRUON I.   Und ohne Abschied, ohne Lebewohl?

ALKMENE *(die ihm mit abgewendetem Gesicht die Hand reicht).*   (II 182)

AMPHITRUON I. Geliebteste Alkmene, lebe wohl!

AMPHITRUON II. *(zu Amphitruon I).*
3130 Der Argwohn schlägt nicht mehr mir um das Haupt die
                                                    Schwingen;
Ich fühle Ruh' in meine Seele dringen:
Das dank' ich dir! —

AMPHITRUON I. Und du, geliebteste Alkmene,
Beruh'ge ferner, durch gefällig sanfte Töne,
Mir diesen neu willkomm'nen Gast,   (II 183)
An dem du manches gut zu machen hast!

(Amphitruon II. mit Alkmenen und Electryon ab und in's Haus.)

DREIZEHNTER AUFTRITT.

Jupiter. Merkur.

JUPITER. Jetzt komm, Merkur, das Nöth'ge drinnen aufzuklären:
Dann laß zurück uns zum Olympus kehren!

MERKUR. Die Wolken sind seit einer Stunde schon bereit: (II 184)

3140   Wir bleiben doch die Nacht im Monde heut?

JUPITER. Wir wollen sehen! Sind die Nächte heiter:

So reisen wir auch wohl noch eine Strecke weiter!

Man wird so im Olymp nach uns verlangen: —

Vom Mond zur Sonn' — eilf tausend Parasangen: —

Von dort nach Haus ist's nur noch eine kleine Station: —

So eß' ich Morgen im Olymp zu Mittag schon!

MERKUR. Gut, gut! Bestimmt ihr selbst die Reiseroute!   (II 185)

Ich bin versehn mit Reisekapp' und Hute,

Und einem tücht'gen Regenparasol:

3150   Und so mag kommen denn, was kommen soll! —

Ich mache mir nichts draus, wenn auch die Nebel feuchten!

JUPITER. Und Lunen geb' ich selbst ein gutes Wort, zu leuchten!

(mit Merkur ab.)

VIERZEHNTER AUFTRITT.   (II 186)

Vorhof. Volk. Doriskus. Sosia II. Electryon. Amyntichus.
Damokleia. Andria. Amphitruon II. Alkmene.

DAMOKLEIA. Von da, wo deine Heftigkeit mich vorhin unterbrach,

Herr, willst du weiter hören? — Gut! Kaum trat ich in's Gemach

Mit meiner Leucht', und hatte jenes Wort gesprochen:

So ist der hohe Fremdling aufgebrochen!

Was immer ihn in dieses Haus geführt:

Nicht hat er die Gemahlin dir berührt,   (II 187)

Begünstigte ihn gleich die Aehnlichkeit der Brüder!

3160 AMPHITRUON II. O, Damokleia, du giebst mir das Leben wieder!

Doch welch ein neuer Gast erscheint dort unserm Mahl?

VOLK. Es ist der reiche Gutsbesitzer, Hasdrubal!

SOSIA II. In seinen Augen glänzt ein fröliches Ereigniß!

FUNFZEHNTER AUFTRITT.   (II 188)

Hasdrubal. Die Vorigen. Amphitruon II.

AMPHITRUON II. Was bringst du, Hasdrubal?

HASDRUBAL.   Herr, ein Verzeichniß
  Der schönen Wälder, Wiesen, Triften, Heerden,
  Die dir in Zukunft angehören werden!

AMPHITRUON II. *(erstaunt).*
  Wovon?

HASDRUBAL.   (II 189)
  Ei nun, von deinem neu erstandnen schönen Landgut,
  Wofür du gestern mir durch Sosia
  Das Geld hier richtig zugeschickt! —

SOSIA II.   Durch Mich?

HASDRUBAL.
  Gebrauch nun dies Geschenk der Götter mit Gesundheit!

AMPHITRUON II.
  Ja — ich versteh' euch — ein Geschenk der Götter!
  Doch sieh, was naht sich dort uns für ein zweiter Bothe?
  Sein Antlitz glänzet, wie vom Morgenrothe!

SECHSZEHNTER AUFTRITT.   (II 190)

*Die Vorigen. Merkur, in seiner wahren Gestalt, mit einem Caduceus
in der Hand.*

SOSIA II. Du, wie Unsterbliche, so schön und jung:
  Wer bist du?

MERKUR.   Sagt dir das nicht böse Ahndung?
  Ich bin Merkur — und dieser Stab:
  Er führt die Todten mir zur Unterwelt hinab!

SOSIA II. Du hast mit diesem Stab mich heut' zu oft berührt,
  Als daß die Frage dir befremdend schien,   (II 191)
3180   Ob ich, noch lebend, oder todt, hier bin?

MERKUR. Noch leb'st du! Lebend will ich dich zu Pluto führen,
  In's alte Hundehaus des Cerberus!

SOSIA II. Ein dunkler Weg!

MERKUR.   Damit uns Licht nicht fehle,
  Will ich den Götterfunken deiner Seele,
  In der Laterne, hier als Tocht verbrauchen!

LICHT. Der trübt gewiß das Aug' dir nicht durch Rauchen! (II 192)

SOSIA II. Was aber hab' ich dir gethan,
Herzallerliebtester Merkur, sag an!

MERKUR. Du hast dem Donnerer sein Silberzeug gestohlen!

SOSIA II. *(der die Gefäße auspackt, und auf den Tisch stellt).*
3190   Ei, ich restituir's, wenn er es so befohlen!

MERKUR.
    Zu spät! Mit deiner Haut hier will ich Charons Segel flicken! (II 193)

SOSIA II. Thu's nicht! Die geht bei'm ersten Windstoß dir in Stücken:
So mürb ist die von Prügeln — sieh doch nur!

MERKUR. Aus deinen Sehnen will ich eine Angelschnur
Zusammendrehn, und feurige Muränen
Mit deiner Leber im Cocyt mir fischen!

DIE WEIBER. Erbarmen du, der Maja schöner Sohn,
Mit diesem Knechte des Amphitruon! (II 194)

EIN ALTER. Ein neues Wunder, sieh! ein Donnerschlag
3200   Aus heitrer Luft! — Der Adler Jupiters umschwebt das Dach —
    Gerüstet in den Klauen trägt er das Geschoß,
    Womit die Schuldigen er straft — und dort
    Erscheint der Vater selbst, der Himmlische!

SIEBENZEHNTER AUFTRITT. (II 195)

Die Vorigen. Jupiter in Wolken.

DIE MÜTTER *(ihn ihren Kindern zeigend).*
    Der ist's, durch den die Linsen und die Bohnen wachsen!
    Strecket eure kleinen Hände, allerliebste Kinder, aus!
    Rufet: Dank dir für die Linsen, Dank dir für die Bohnen, aus!

EINIGE. Dank der Linsen!

ANDERE.   Dank der Bohnen!

NOCH ANDERE.   Dank der schönen (II 196)
                                Opferkuchen!

CHOR VON WEIBERN UND KINDERN.
    Dank, für Alles Dank, was heute noch mein Mund hier wird ver-
                                          suchen!

MERKUR. Still doch, ihr Weiber da, mit euerm ewigen
3210   Gedank und Dankgeschnatter! Meint ihr denn,
Es seyen Euch die Götter etwa ähnlich,
Und daß sie auch nicht hörten, wenn man ihnen
Dasselbe Ding nicht hundert Mal auch sagte?   (II 197)

EINIGE. Pah! Du, der Maja Sohn, was kümmert's dich?

ANDERE. Gilt unser Dank doch keiner niedern Gottheit!

NOCH ANDERE. Thebanerinnen darf man auch den Mund verbieten!

JUPITER.
    Ihr Weiber, still!

MERKUR. Schon gut, daß dir ein Mal die Ohren auch geklungen!   (II 198)
Denn warum hast du, uns zur Qual,
Auch aus des Donners Material,
3220   Geschaffen einst die Weiberzungen!

EINER AUS DEM VOLK (*zu Lichten, der allein stehen geblieben, indeß
die Andern umher alle knieen*).
Nun, Licht, läßt du nicht auch dem Dank auf Knieen seinen
                              Lauf?

LICHT (*der sich unbehülflich dazu anschickt*).
Gern, gern, Thebaner! Aber sagt mir nur, wer hilft mir wieder
                              auf!

JUPITER. Laßt ab, Thebaner, mir zu danken! Schon genug   (II 199)
Empfing ich hier des Dank's; und Dank, wofür
Ich keinen hinzunehmen Willens bin.
Es hat uns so beliebt, einst den Olymp
Verlassend, hier Alkmenen zu besuchen,
Die Hellas Ruhm sein schönstes Kind uns pries;
Ich kam — ich sah — ich fand weit mehr, als ich gesucht:
3230   Nun — daß ich wieder gieng, so wie ich kam;
Daß ich Alkmenens stille Bitt' erhörte,   (II 200)
Ihr nicht des Hauses schönen Frieden störte —
War wohl natürlich — konnt' ich minder thun?
Was ist hierin geschehn, was Dank verdient?
Fürwahr, kaum etwas, der Erwähnung werth!
             (*gegen Alkmenen.*)
Nein, keinen Dank, auch du, geliebt'ste Tochter!

Erinnert je zuweilen Euch des Gastfreund's,
In künftiger Entfernung! Noch ein Mal
Gehabt euch wohl Amphitruon, Alkmene!　　　　　　　　(II 201)
3240　　*(gegen das Volk.)* Und ihr gedenkt der Bohnen und der Linsen!

Ein zweiter Donnerschlag.

(Jupiter verschwindet.)

MERKUR. Mein Auftrag geht nun gleichfalls hier zu Ende,
Und zweifach geb' ich nun zurück in deine Hände,
O, Sosia, was ich dir heut' gestohlen,
Hier zwei Gurt', und hier zwei Sohlen;
Hier zwei Füß', und hier zwei Ballen;
Hier zwei Schuh', und hier zwei Schnallen —　　　　　　(II 202)

SOSIA II. Auch zwei Weiber?

MERKUR.　　　　　　　　　Nein, faß Muth!
s' bleibt bei einer!

SOSIA II.　　　　　So ist's gut!

Ende des Amphitruon.

PLAN UND SZENEN DER ERSTFASSUNG

(1802)

PLAN.

Jupiter kömmt in Amphitryons Gestalt, der mit seinem Sclaven Sosia gegen die Telobäer im Felde liegt, vor seine Hausthür nach Theben. Mercur, der ihn, in der Gestalt des Sosia, begleitet, und ihm zugleich Nachrichten aus dem Olymp bringt, wird von ihm abgeschickt, Alkmenen die Ankunft ihres Gemahles auf diese Nacht zu melden. — Alkmene, von ihren Sclavinnen und Kinde umgeben, ist im Hause damit beschäftiget, den Schleyer, den ihr der angebliche Sosia gebracht hat, aus einander zu schlagen. Gespräch mit ihrem Kleinen, den sie abgeschickt, ihr den Sosia, zu näherer Erkundigung, nochmals herbey zu rufen. Sosia, in Begleitung der alten Schaffnerin Damokleia, erscheint. Zweydeutige Art des Ersten sich auszudrücken, sowohl über seine eigne, als über seines Herrn Veränderung, die Alkmenen befremdet, und ihr Arges im Hinterhalte vermuthen läßt. Aus Unwillen bricht sie diese Unterredung kurz ab, und geht von hinnen. Sosia, der sein Weib von weitem gewahr wird, schleicht sich ebenfalls fort. Andria kömmt bey der Schaffnerin Damokleia mit einer sehr nachdrücklichen Klage gegen den Kaltsinn ihres vermeintlichen Mannes ein, der nun schon so lange im Hause sey, und ihr noch keinen Willkommen gesagt. Hoffnung, sich in der durch vier Feldzüge verloren gegangenen Autorität auf's baldigste wieder herzustellen. Damokleias Zweifel am glücklichen Gelingen dieses Entwurfs, und Warnung, im Namen Alkmenens, das Opferfest durch kein Zeichen übler Vorbedeutung zu stören. Andria gelobt, und bittet die Schaffnerin um ein häusliches Geschäft, das sie von Sosia entfernt. Diese befiehlt ihr, die Herbeybringung einer Opferkuh, so wie eines Meisters, der sie schlachte, und eines Andern, der ihr die Hörner vergolde, anzuordnen. So schließt der erste Act.

Der zweyte eröffnet sich mit des rechten Sosia Ankunft aus dem Lager, der über die lange Nacht ungehalten, in bittre Klagen über die Götter ausbricht. Sein Zusammentreffen mit Mercur. Beyde machen sich einander ihre Personalität streitig. Ihr Streit endet damit, daß der falsche Sosia dem rechten, unter Androhung von hundert Stockprügeln, befiehlt, sich nicht mehr vor dieser Hausthür sehen zu lassen. Inneres von Amphitryons Wohnung. Damokleia, die mit Befremden vernimmt, daß ein Opferstier den Angekommenen nicht genug sey, und daß sie deren funfzig in's Haus beschieden. Sosia wird gerufen. Er bestätigt nicht nur diese Einrichtung, sondern giebt ihr noch eine neue Nachricht.

Auf Befehl seines Herrn nämlich ist das ganze Thebanische Volk zu Morgen auf Linsen, Mehl und Sesamskuchen in's Haus geladen. — Neues Staunen. — Andria mit ihren Kindern, die Sosia sich weigert für die seinigen anzuerkennen. Zwist, zuletzt ein gänzlicher Bruch. Sosia geht auf's Neue vor die Thür auf seinen Posten. Electryon, Alkmenens Vater, erscheint. Dieser ist, auf die Nachricht von Amphitryons, seines Eidams, Ankunft, vom Lande in die Stadt gekommen, und wird nun von dem falschen Sosia, unter dem Vorwande, daß der Amphitryon, den er suche, nicht zu Hause sei, an der Thür zurückgewiesen. — Bybachides, der Bader, der in der Nachbarschaft wohnt, und mit der langen Nacht deßhalb sehr zufrieden ist, weil sie ihm viele Beinbrüche und Patienten verschafft hat, erhält von Sosia den Auftrag, sich Morgen mit dem Frühsten in Amphitryons Hause einzufinden, weil seinem Herrn ein Pfeil mit dem Widerhacken im Kniegelenk sitze. — Unterdeß ist auch der rechte Sosia, dem alles Vorgefallene unterwegs wie zu einem Traume geworden, wieder zurückgekommen. — Er ist bemüht, sich mit seinem zweiten Ich in Güte auseinander zu setzen, und dieß gelingt ihm, nach einer Anzahl von demselben zuvor erhaltener Stockprügel, auch wirklich. —

Im dritten Acte kömmt der wirkliche Sosia mit seinem wahren Herrn, den er durch eine wundervolle Erzählung nicht wenig in Unruh und Erstaunen setzt. Dieser klopft an; aber Niemand öffnet. Er befiehlt darauf dem Sosia, hinten um's Haus herum zu gehen, über die Mauer zu steigen, und die Thür von innen aufzumachen. Sosia geht ab. Nicht lange darauf erscheint Mercur, in der Gestalt des eben weggeschickten Bedienten, auf dem Balcon des Hauses, und fragt Amphitryon, was er wolle? Dieser, auf das äußerste über eine solche Frage entrüstet, dringt auf Einlaß. Heftiger Wortwechsel beyder, der sich damit endet, daß Sosia auf seinen Herrn, wie auf einen nächtlichen Abentheurer, einige Dachziegel herunter wirft. Amphitryon droht ihm, für diese Widerspenstigkeit und Grobheit, ihn sogleich durch ein Paar Fischer in den Fluß Asopus werfen zu lassen. Mercur spottet über diese Drohung, und wirft von Neuem nach ihm. Amphitryon in der höchsten Erbitterung ab.

Der wahre Sosia kömmt indeß, nach einem vergeblichen Versuche über die Mauer zu steigen, auch wieder zurück. Sein Herr ist nicht da; aber wen er findet, ist der Bader Bybachides, der so eben von seinem Patientenbesuche zurückkömmt. Da Sosia nichts zu thun hat: so entschließt er sich kurz, sich den Bart scheeren zu lassen, damit er, wie er sagt, sich doch wenigstens durch etwas von dem zweiten Sosia unterscheide. Bybachides ist auch gleich dazu erbötig, und heißt ihn niedersitzen. Als er mit Einseifen und Abnehmen des Bartes fertig ist, läuft er in seinen Schoppen, ein schärfer Messer zu holen, um ihm denselben vollends abzuziehen. Amphitryon mit zwey Fischern. Wie er Sosia sieht, befiehlt er, noch im äußersten Jähzorn, seinen beyden Begleitern, diesen sogleich in einen Sack zu stecken, denselben fest zuzuschnüren und in den Fluß Asopus zu werfen. Die Fischer reißen ihn mit Gewalt fort. Er schreyt, er protestirt;

vergeblich. Kaum ist er hinein, so kömmt Mercur vor die Thüre, und setzt sich auf den Schemel, den Sosia so eben verlassen hat. Wie Bybachides mit seinem Messer zurückkehrt, findet er, zu seinem höchsten Erstaunen, daß die Haare in Sosias Bart, während seiner Abwesenheit, um einen guten halben Zoll wieder gewachsen sind. Noch in Verwunderung hierüber, erscheint ihm auf der andern Seite Amphitryon mit den beyden Fischern, die ihm erzählen, daß der ihnen anvertraute Sclave, tief und wohl verwahrt, auf dem Grunde des Flusses Asopus liege, und sich von ihrem hohen Gönner, da er nun vor dem Zurückkommen des Bösewichts auf immer gesichert sey, ein kleines verdientes Trinkgeld erbitten. Amphitryon ist eben im Begriff, diese gerechte Forderung zu befriedigen, als er, auf der entgegengesetzten Seite des Theaters, den im tiefsten Grunde des Asopus versenkt geglaubten Sosia gewahr wird, der ganz gelassen auf einem Schemel da sitzt, und sich den Bart abnehmen läßt. Gegenseitiges Erstaunen. Die Fischer wollen auf's Neue zugreifen; Amphitryon aber, durch alle diese Vorfälle bedenklich gemacht, thut ihnen Einhalt. Der Rest dieses Acts geht in Scenen zwischen Alkmenen und Jupiter, und Andria und Sosia hin.

Vierter Act. Der wahre Sosia, durch Jupiters Veranstaltung sogleich wieder durch einen andern Fischer aus dem Asopus aufgefischt, kehrt, mit Verwünschungen gegen die Götter und Menschen, nach dem Platze vor Amphitryons Hause zurück. Jupiter, der ihm begegnet, und sich bey ihm nach der Unzufriedenheit mit der Weltregierung erkundigt. Sosia detaillirt ihm die Gründe, und vermeint, wenn er nur Jupiter wäre, es würde ihm ein leichtes seyn, alles besser, schöner und gerechter einzurichten. So z. B. wollte er des Morgens gleich mit dem Frühsten aufstehen, auf den Markt gehen, sich nach den Preisen des Mehls und der Zwiebeln erkundigen, um sich auf den Tag mit Wind und Regen darnach zu richten; ferner die Fischer, die Bäcker, die Schuster, die Wurststopfer: alle diese ehrlichen Leute, die durch eine ungerechte Vertheilung der Güter jetzt so schlecht auf ihren Schemeln und Bänken gesetzt wären, wolle er sämmtlich vor seinem Throne versammeln, und ihnen ein neues Edict, zu Gunsten ihrer, geben. Jupiter warnt ihn, sich in kein so weitläuftiges Regierungsdetail einzulassen, weil die Welt sehr groß, der Morgen kurz und schon halb vorbey, ja der Mittag bereits heran gekommen sey, ohne daß er als Vater der Götter noch einen Bissen gegessen habe. Sosia dankt ihm für diese liebreiche Erinnerung, und befiehlt dem Mercur, auf der Stelle anzurichten, und seinen Tisch mit dem Kostbarsten aus allen Himmelsstrichen zu decken. Indem er diesen Wunsch äußert, ist Jupiter verschwunden, und ein Tisch, mit dem Kostbarsten aus allen Himmelsstrichen gedeckt, steigt aus der Erde hervor. — Immer zunehmende Verwirrung. Zank der beyden Amphitryonen. Beschwerden des Ersten darüber, daß der Zweyte einen Sclaven, der ihm gehöre, habe in den Fluß Asopus werfen lassen. — Alkmene, die durch ihr edles Benehmen Jupitern, den sie noch immer für ihren Gemahl hält, in seinem gefaßten Vorsatze wankend macht, und ihn zuletzt, durch das auf ihn als den Schutzgott ihres Hauses gesetzte, und ihm selbst laut geäußerte Vertrauen, von seinem ersten Vorhaben in dem Augenblicke zurück bringt, da Damokleia bereits mit der Lampe erscheint, um beyden zu Bett zu leuchten. — Nachheriges Zusammentreffen mit ihrem Gemahl. Eifersucht des letztern. Unerklärliches Betragen bey ihrer Erzählung von den ihm, wie sie irrig glaubt, selbst zugestandenen, unschuldigen Liebkosungen und Gunstbezeugungen.

Fünfter Act. Eine allgemeine gegen Sosia eröffnete Anklage. — Zuerst Amyntichus, dem er, als König Priamus, mit einem Stück Sesamskuchen nach Troja durchgegangen; dann Andria, sein Weib; Electryon, Alkmenens Vater, dem er die Thüre gewiesen; hierauf die Fischer, die er dadurch, daß er wieder aus dem Fluße zurück gekommen, um ihr Taglohn und Verdienst gebracht; hinterdrein die Meister des Beils, die von ihm zur Schlachtung von funfzig Opferstieren in's Haus bestellt worden; mit ihnen Bybachides, der Bader, der mit seinen Instrumenten und chirurgischen Werkzeugen erscheint, Amphitryon den Pfeil mit dem Widerhacken aus dem Kniegelenk zu ziehen; zuletzt auch noch die funfzig Opferstiere selbst, die an den Thoren um Einlaß brüllen, und das ganze Thebanische Volk, Alte und Weiber, die unter dem mannichfaltigsten Geschrey und dem lautesten Ausrufe: Wo sind die Sesamskuchen? wo das Mehl? wo das Fleisch und die Linsen? in die Thore der schönen Wohnung Amphitryons dringen. Der arme Sosia, so von allen Seiten bedrängt, weiß sich beynahe keinen Rath mehr. Endlich aber lös't diese Verwirrung, der sie allein lösen kann, Mercur. Zugleich erscheint Jupiter, der das Haus Amphitryons, dessen Ehre, aus Gründen, die der Gott selbst angiebt, von ihm ungekränkt blieb, auf das freygebigste beschenkt, ohne doch daß er, weder für diese Geschenke, noch für jene Unterlassung, auf den geringsten Dank Anspruch macht; sondern sich im Gegentheil sogar dessen Abstattung auf das nachdrücklichste widersetzt. —

Da es dem Verfasser nicht möglich war, auf ein Mal das Ganze zu liefern: so ist er wenigstens bemüht gewesen, den Leser, durch eine kleine Einleitung, auf den richtigen Standpunct zu setzen. Fortsetzung und Schluß folgen im nächsten Taschenbuche.

ZWEYTER AUFZUG.

ERSTER AUFTRITT.

Sosia 2. mit einer Laterne. Im Hintergrunde
Amphitryons Wohnung. Vor dieser Sosia 1.

SOSIA 2. Mit Schwingen, schwärzer wie ein Rabe, sitzt
    Die Nacht mir auf der Schulter: wär ich so
    Beherzt nicht, wie ich bin, ich könnte vor
500   Mir selbst erschrecken! Holla, wer geht da?
    — Nichts, nichts! es ist nur meines Fußtritts Schall.
    Was für ein Schatten fällt von dort herein?
    Faß Muth, Verzagter! 's ist der deinige.

SOSIA 1. *(in einiger Entfernung)*. Das ist gewiß der Spitzbub' Sosia,
    Der aus dem Lager nun mit Botschaft kehrt!

SOSIA 2. Noch immer ist's mir doch, als hör' ich sprechen:
    Mir klingt's wie „Spitzbub' Sosia" in's Ohr.
    Ich bin an die vertrauliche Benennung
    So sehr gewöhnt, daß ich auch da sie höre,
510   Wo Niemand, außer mir, zugegen ist.

SOSIA 1. O seltn' und edle Offenherzigkeit!

SOSIA 2. Mühseliges Geschick, ein Sclav' zu seyn!
    So viel Schweißtropfen, als ich heut im Dienst
    Amphitryons vergossen, reichten hin,
    Ein ganzes Brachfeld fruchtbar mit zu machen.

SOSIA 1. Auch bringt dein Rücken dir die Frucht gewiß!

SOSIA 2. Und dort die Oberherrschaft im Olymp
    Verfährt mit uns kein Haarbreit glimpflicher:
    Die lange Nacht will gar kein Ende nehmen!
        (indem er sich an einen Pfeiler stößt.)

153

520   Verwünschte Einrichtung! An jeder Mauer,
        An jedem Baum' rennt man den Kopf sich ein,
        Und kein Pilaster, welcher aus dem Wege
        Hier einem armen, müden Sclaven ging'!

            (aufblickend.)

        Nun sagt mir nur, wie lang wird das noch dauern?
        Das rührt und regt sich nicht am Horizont!
        Der Bär steht da noch, wo er gestern stand,
        Und auch der Wagen rückt nicht von der Stelle.

    (indem er mit seiner Laterne gegen den Himmel leuchtet.)

        Wo bist du, Jupiter? Ich seh dich nicht.
        Das ist mir eine feine Welt! Man muß
530   Die Götter drinn mit der Laterne suchen!

    SOSIA 1. Sie sind dir näher, Schurke, wie du glaubst.

    SOSIA 2. Ich sag', und bleibe fest bey meiner Meinung:
        Die Sonn' ist ausgebrennt am Firmament.
        Nun bricht der Tag der Kerzenhändler an,
        Die haben Zeus des Regiments entsetzt.

    SOSIA 1. Verwegne Zunge, die in ihrem Lauf
        Der Götter weder, noch der Menschen schont!

    SOSIA 2. So tröstet beyd' euch denn mit gleichem Schicksal,
        Du hohe, hehre, schöne Himmelslampe,
540   Und du gesell'ge kleine Dien'rin, die
        Mir Sterblichen hier vor die Füße leuchtet;
        Denn beyde seyd ihr dem Verlöschen nah.

    SOSIA 1. Dem Kerl ist eine ausgelöschte Sonne,
        Was einem Andern eine Lichtschnupp' ist!

    SOSIA 2. Mein'twegen denn! Will Jupiter die Welt
        Im Finstern künftighin regieren: sey's!
        Man kriegt ja so nichts Kluges drauf zu sehn!
        Da brechen sie einander sich die Hälse,
        Und frägt man sie, warum: so gilt's ein Stück
550   Erbärmlich Krautland, das kaum groß genug,
        Die vielen Todten zu begraben ist,
        Die's zu besitzen drauf gefallen sind.
        Nun meine Hände sind von Blutschuld rein!

Mein Platz ist in des Feldes Bäckerey,
Wo Proviant ich den Kamraden schaffe.
Das ist verdienstlicher, als sie dorthin
Zu bringen, wo man Niemand Brod mehr bäckt! —
Doch sieh! das ist ja wohl Alkmenens Haus?
Nun noch einmal den Auftrag überlegt,
560   Den Schleyer bey der Hand, und so hinein!

(indem er gehen will.)

Doch halt! — Schleicht da nicht Jemand um die Thür?
Wem gilt so spät noch ein Besuch? Vielleicht
Wohl gar des Hauses schön verwahrten Schlössern!
Was thu' ich? Ruf' ich freyerdings ihn an?
Das wär' die schnödeste Verwegenheit,
Und könnte leichtlich um den Hals mich bringen!
Kriech ein, kriech ein, mein kleiner Docht, und laß
Uns hier im Winkel auf den Ausgang warten!

SOSIA 1. Welch Gehen um die Hausthür hier so spät?

570   SOSIA 2. O Dieb, du nimmst die Frag' mir aus dem Munde!

SOSIA 1. He da! Wo blieb auf einmal die Laterne?

SOSIA 2. Das ist ein erzvermeßner Bösewicht!

SOSIA 1. Nun keine Antwort?

SOSIA 2.   Sind des Menschen Fäuste
Nur halb so grob, wie seine Stimm' es ist:
So wird mein Rücken üble Folgen spüren.

SOSIA 1. Dieß Mal betrügt dich deine Ahndung nicht.
(laut.) Spitzbube steh!

SOSIA 2.   Nun, nur gemach, mein Freund!
Laß von der Kehle mir die Hand hinweg!

SOSIA 1. Nicht eher, bis du ohne Umschweif sagst,
580   Was dich hierher vor diese Hausthür bringt?

SOSIA 2. Ist dir davon gedient mit der Erzählung:
Nun so benimm mir nicht die Luft dazu!

(nachdem Jener ihn losgelassen.)

Ich danke dir. — Zuerst nun eine Frage! —
Gehörst du in dieß Haus, wie ich vermuthe:

So muß dieß erst seit Kurzem seyn, weil du
Den alten Sosia so wenig kennst!

SOSIA 1. Den alten Sosia? den kenn' ich wohl.

SOSIA 2. Du kennst ihn?

SOSIA 1.   O so gut, als wie mich selbst!
  Seit einer Stund' ist er in's Haus herein,
590   Und bringt Alkmenen einen Schleyer dar,
  Den den Gemahl ihr aus dem Lager schickt.

SOSIA 2. Und woher weißt du das?

SOSIA 1.   Ey nun, du Narr,
  Ich bin ja selber dieser Sosia.

SOSIA 2. Du?

SOSIA 1.   Freylich, wer denn sonst!

SOSIA 2.   Beym Jupiter,
  Du machst mich lachen, guter Freund, ha, ha!

SOSIA 1. Worüber lacht der alte Kindskopf denn?

SOSIA 2. Nein, beym Mercur, das nenn' ich erzpossierlich!

SOSIA 1. Wird's bald?

SOSIA 2.   Sogleich!
  Falls ich vor Lachen die Erzählung nur
600   Zu Ende bringen kann. Hör an, mein Freund!
  Ein zweyter Sosia ist vor der Thür,
  Der auch Alkmenen einen Schleyer bringt;
  Auch in dieß Haus von dem Gemahl geschickt;
  Und dieser zweyte Sosia — bin ich.

SOSIA 1. Du?

SOSIA 2.   Freylich! Wer denn sonst! Und zum Beweis,
  Daß ich die Wahrheit rede: sieh den Schleyer
  Alkmenens hier in meinen Händen!

SOSIA 1.   Zeig!

SOSIA 2. Tritt etwas näher her an die Laterne!

(indem er den Docht hervor zieht, und den Sosia 1. genauer gewahr wird.)

  Ihr Götter, täuscht kein Blendwerk meine Sinne:

610 So wird der ungeheuerste Betrug
In diesem Augenblicke mir gespielt!
Du bist's! Ja ich erkenn' dich, Sosia.
Das ist mein Blick, mein Wuchs, mein Bart, mein Gang!
Das da ist meines linken Backens Warze!
Dieß ist mein Ohr, wovon die eine Hälfte
Zu Lydien am Sclavenpranger sitzt!
Ihr Götter, mußtet ihr in die Gestalt
Von Sosia euch denn so sehr verlieben,
Daß ihr zwey Mal in einem Menschenalter,
620 In einem Land sie zwey Mal wiederholt?
Warum mich lieber ein Mal nicht ergänzen!
So bin ich doch nur immer unvollständig!
Vor Kurzem noch ein halbes Ohr zu wenig:
Jetzt anderthalb zu viel: o Mißgeschick!

SOSIA 1. Du glaubst durch diesen Scherz mir zu entwischen:
Doch du betrügst dich, Dieb, du bist ertappt!
Gesteh's, du hast dich in dieß Haus geschlichen,
Und draus Alkmenen ihren Schley'r entwandt!

SOSIA 2. Wie kann dieß seyn? Ich komm' ja eben erst!

630 SOSIA 1. Unnütze Ausflucht! Alles ist entdeckt!
Ist der Beweis nicht hier in meiner Hand?
Und giebst du dich für Sosia nicht aus,
Erzlügnerischer Bub'? und bin ich selbst
Nicht dieser Sosia? Was sagst du? he?

SOSIA 2. So hör doch nur!

SOSIA 1.   Nicht eine Sylbe mehr!

SOSIA 2. Gieb mir den Schleyer wenigstens zurück!

SOSIA 1. Wie, unverschämter Dieb, du hast die Frechheit,
Gestohlnes Eigenthum zurück zu fordern?
Fort! sag' ich, und wenn du dich wiederum
640 Vor dieser Hausthür je erblicken läß'st:
So sollst du's mir mit hundert Prügeln büßen.

SOSIA 2. Nun gut, ich geh': doch bring' ich meinen Herrn,
Amphitryon, der unterwegs schon ist,
Mit mir zurück: und der wird dich alsbald
Entlarven, du verwegnes Dieb'sgesicht!

(wird von Mercur mit Schlägen fortgetrieben.)

VIERTER AUFTRITT.

Andria. Chrysis, Davis, Chrysososthenes, ihre Kinder. Sosia 1.

700 ANDRIA *(mit ausgebreiteten Armen auf ihn zu eilend).*
    O schöner mir, o längst erwünschter Tag! —

SOSIA 1. Genug davon! Du siehst, es ist noch Nacht:
    Spar' den Willkommen, bis er angebrochen!
    Ich grüß' euch: somit gut! Nun sagt: wie ist
    Es euch indeß ergangen?

ANDRIA.   Je nun so,
    Wie Weib und Kind es geht, ist fern der Mann,
    Der Vater, der das schöne Haus regiert!
    Wir harrten stündlich deiner Wiederkunft;
    Da hier die Kleinen liefen oft an's Fenster,
    Und kein Maulesel, der die Straße zog,
710   Daß sie nicht riefen: Vater, Vater kömmt!

SOSIA 1. Verbindlich! Aber mir ging's auch nicht besser;
    Denn jeder Hahn, des frühen Dorf's Trompete,
    Bracht' ins Gedächtniß deine Stimme mir:
    Doch dabey fällt mir ein: habt ihr indeß
    Das schöne Haus recht wohl bewacht?

ANDRIA.   O ja.

SOSIA 1. Den alten Hofhund Argos wohl gefüttert?

ANDRIA. Der nährt sich von des Tisches Brocken selbst.

SOSIA 1. Die Hühner aus dem Garten ausgesperrt?

ANDRIA. Ich staune, Sosia. Wie? Sind das Fragen,
720   Die, nach vierjähriger Abwesenheit,
    An sein geliebtes Weib ein Mann erläßt?
    So sieh doch nur die allerliebsten Kleinen,
    Die unterdeß so groß erwachsen sind,
    Zur Freude der gesammten Nachbarschaft!

SOSIA 1. *(zu den Kindern).* Euch kenn' ich wohl. Du da bist Davis, jene Chrysis;
    Doch was ist das für ein Gesicht, das dritte da?
    Es ist mir fremd und gänzlich unbekannt;
    Auch scheint es mir aus dem Geschlecht zu arten.

ANDRIA. Das dünkt mich nicht, mein lieber Sosia;
730   Denn deiner Aehnlichkeiten holde Spur
Ist deutlich jedem Zug' ja aufgedrückt:
Die Nas' ist spitz und etwas platt dazu;
Herunterhängend Mund und Oberlippe;
Auch seine Farb' ist Lybiens Sande ähnlich:
Doch daß das holde Kind dir unbekannt,
Ist wohl kein Wunder: ward's der Mutter doch,
Als du abwesend warst im Feld, geboren.
Hör und vernimm's, und freue drob dich, Lieber!
Das ist der kleine Chrysososthenes!
740   Komm her, mein Kind, und küsse deinen Vater!

SOSIA I. Was Chrysososthenes, was Kleiner! Geh!
Such dir im Werkhaus deinen Vater auf,
Beym Sclavenhaufen, der die Mühle dreht!
Ich mag und will von dir nichts wissen! Lauf!

ANDRIA *(heimlich).* Nun leiht mir all' ihr Himmlischen Geduld,
Daß ich Alkmenens Willen nicht verletze!
(laut.) Wie, Sosia? Bist du bey Sinnen? Weißt
Du denn nicht mehr, als mit Amphitryon
Nach Teleboä du zu Felde zogst,
750   Daß schön die Hoffnung uns war aufgegangen?
— Neun Monden drauf —

SOSIA 1.   Ward sie erfüllt! Ja, ja,
Es leuchtet klar mir wie der Tag nun ein.
Du allerliebster Chrysososthenes —
Nicht wahr, so heißt das holde Kind ja wohl? —
Komm an mein Herz, du schön erfüllte Hoffnung! —
(wie nachsinnend.) Beklagenswerthes Schicksal des Soldaten!
Indeß er kühn die Welt entvölkert: sucht
Ein Andrer ihm daheim das Haus zu mehren. —
Aus meinen Augen, sag' ich, alle fort!
760   Mir hat der Zorn die Leber angezündet:
Schwer möchten diese Fäuste sonst euch nahn!

ANDRIA. Wie, du bedrohst uns noch, du Bösewicht?

(auf ihre Kinder zeigend.)

Ich wollte, diese wären nur nicht da!

SOSIA 1. Das eben ist die Sach': ich wollt' es auch!

Sieh, Weib, daß du mir untreu wurdest, dieß
Vergeb' ich dir, ist schwer gleich das Vergeh'n,
Weil häufig es dem Weibe so begegnet:
Doch daß du gegen einen solchen Kürbiskopf,
Wie dieß sein Ebenbild ihn hier verräth,
770   Ein'n Kerl, wie ich aus einer Kürbisschale
Nach Tisch ein Dutzend mit dem Messer schnitzte,
Mich Wohlgebildeten vertauschen konntest:
Dieß, dieß vergebe ich dir nimmermehr.

ANDRIA. Du wohlgebildet? Doch davon ist nicht die Rede! —

(Nach einer Pause, und indem sie sich auf's Neue zu fassen sucht.)

So glaubst du nicht, verwünschtes Kothgesicht,
Daß die hier deines Blutes Kinder sind?

SOSIA 1. Was glauben, Weib! Ich weiß es mit Gewißheit.

ANDRIA. Daß also Davis?

SOSIA 1.   Ja, und Chrysis auch.

ANDRIA. Und hier der kleine Chrysososthenes?

780   SOSIA 1. Auch der.

ANDRIA.   Von einem Andern?

SOSIA 1.   Sag's heraus!

ANDRIA. Von einem Andern? — Ich erstick' vor Bosheit.

SOSIA 1. So sparst du mir die Müh', dich zu erdrosseln.

ANDRIA. Wohlan: so bin ich auch dein Weib nicht mehr.

SOSIA 1. Das wußt' ich lange.

ANDRIA.   Und besteh' auf Scheidung.

SOSIA 1. Wann?

ANDRIA.   Morgen.

SOSIA 1.   Heut?

ANDRIA.   Jetzt.

SOSIA 1.   Diesen Augenblick!
Sieh, Andria, erst nun gefällst du mir:

Das ist bey weitem der gescheut'ste Einfall,
Seitdem ein Paar wir sind, aus deinem Mund:
Komm her, und laß dafür dich herzlich küssen!

790 ANDRIA. Verräther! Wie? So willst du mich verlassen?

SOSIA 1. Ich war gezwungen nur mit dir vereint.

ANDRIA. Nachdem du mir drey Kinder auf den Hals
Gesetzt erst hast?

SOSIA 1.   Folg meinem Rath, o Weib,
Und setz sie auf die Erd', und mach dir's leichter!

ANDRIA. Ich weiß nicht, was die Hand zurück mir hält,
Daß ich dir auf der Stelle nicht damit
Die beyden Augen aus dem Kopfe kratze!

SOSIA 1. *(gelassen).* Ich weiß es wohl: da diese Hand hier ist's,
Die, Andria, weit mächt'ger ist, als deine.

800 ANDRIA. Nein, Negerscheusal, nein, das Opfer ist's,
Das Stillstand meinen Nägeln auferlegt:
Drum, was du heut noch hast zu sehn: das sieh!
Denn morgen —

DAMOKLEIA *(von draußen).* Andria!

ANDRIA.   Ich komm' sogleich!
Denn morgen möchten diese Augen dir
Vielleicht des Sehens schönen Dienst versagen.

(den kleinen Chrysososthenes hastig auf den Arm nehmend und ab.)

[5.—7. AUFTRITT]

ACHTER AUFTRITT.

SOSIA 2. *(der, in Gedanken vertieft, auftritt).*
Nein, sag' ich, alles ist ein Traumgesicht,
Ein eignes, selbst erlognes Hirngespinnst!
Wie würde mich Amphitryon verlachen:
Glaub' ich es mir doch selber kaum! Ich will
Noch ein Mal drum mit eignen Augen sehn.

SOSIA 1. Sieh da! Bist du schon wieder vor der Thür,
Du Schleyerdieb? Was hast du hier zu suchen?
Hast du der angedrohten hundert Prügel
So bald vergessen, daß du wieder kömmst?

960 SOSIA 2. O all' ihr Himmlischen, nun steht mir bey!
Da ist der widerwärt'ge Kerl auf's Neue!
Wahr und wahrhaft, mein leibhaft Ebenbild!
Ich muß mich nur mit ihm im Guten setzen;
Denn so ergrimmt ich bin: ich könnt' ihn doch
Nicht schlagen; denn das hieß ja selber gram
Mir seyn, und meinen eignen Schultern Haß
In böser Stunde zugeschworen haben!

SOSIA 1. Was murmelst du da vor dir in den Bart?

SOSIA 2. 'S war eine augenblickliche Betrachtung,
970 Die der Familienzüge Aehnlichkeit
Mit dir, mein theurer Freund, mir nur entlockte.

SOSIA 1. Ist keiner Mittheilung sie werth?

SOSIA 2.   O ja.
Sieh nur, mein trauter Sosia, du bist
Mir gleich in Allem: folglich muß dir auch
Verträglichkeit wie mir die Brust beseelen:
Bey dieser Warz' auf deinem linken Backen,
Bey deinem rechten Ohr in Lydien
Beschwör' ich dich: nichts übereilt, mein Bruder!

SOSIA 1. Zu Fried' und Eintracht bin ich so geneigt,
980 Wie du: wohlan, laß deinen Vorschlag hören!

SOSIA 2. Bist du der rechte Sosia, wofür
Ich selbst bisher mich fälschlich hielt: so mußt
Du ja nothwendig alles wissen auch,
Was mir mein Lebetag begegnet ist;
Nicht wahr?

SOSIA 1.   Nun freylich.

SOSIA 2.   Nun wohlan, so sag
Mir denn, um nur mit kürzlich anzufangen:
Was that ich gestern während des Gefecht's?

SOSIA 1. Indessen die im Heere kühn die Leiter
An Teleboäs Mauern setzten: setztest
990 Die Leiter du an einen Speiseschrank
In deines Herrn Gezelt.

SOSIA 2.   Was fand ich da?

SOSIA 1. Was? Einen Käs' erst aus Sicilien;
    Dann einen großen Topf voll car'scher Feigen.

SOSIA 2. Wie ordnet' ich darauf wohl meinen Angriff?

SOSIA 1. Erst leertest du den Topf mit Feigen aus;
    Dann gingest muthig du mit deinem Messer
    Auch auf den Sicilianer los, und warst
    Vor einer Stunde noch mit diesem fertig.

SOSIA 2. Wie hieß der dritte Feind, den ich bestand?

1000   SOSIA 1. Es war ein Schock gesottner, rother Krebse.

SOSIA 2. Ganz recht! Dieß rückwärts gehende Geschlecht
    Ist einem braven Kriegsmann stets verhaßt:
    Drum schnitt ich funfzig ihren Rückzug ab,
    Und schloß sie dicht in meinen Magen ein. —
    Doch, da du alles weißt: so sag mir, wer
    Es war, der gestern mir so angenehm
    Am Kenotaphe des Teiresias
    Drey Stunden tief bis in die Nacht verkürzte?

SOSIA 1. Die junge, schöne Sclavin Bibulis.

1010   SOSIA 2. Sprich leiser, Freund, daß Andria nicht hört —!

SOSIA 1. Was, Andria? Hältst du mich meinem Weib
    In schimpflich schnöder Knechtschaft unterthan?

SOSIA 2. Und wär's auch so: so theilst du ja hierin
    Auch nur mit Sosia ein gleiches Schicksal.

SOSIA 1. Giebst du dich immer noch für diesen aus?

SOSIA 2. Für wen denn räthst du sonst mich auszugeben?

SOSIA 1. Für wen du willst, nur nicht für Sosia.

SOSIA 2. Bin ich nicht Sosia, wer bin ich denn?

SOSIA 1. Ein feiger Dieb, der, wenn die Kriegstrompete
1020   Erklingt, das Fersengeld dem Feind stets zahlt.

SOSIA 2. *(für sich).* Da hat er Recht.

SOSIA 1.   Ein Lecker, ein Schmarotzer,
    Ein Kerl, dem aus Sicilien ein Käs',
    Ein Topf voll car'scher Feigen, ja ein Schock

Gesottner, rother Krebse mehr als Ruhm
Und Ehre bey der spätsten Nachwelt gilt.

SOSIA 2. *(wie vorhin)*. Da hat er auch Recht.

SOSIA 1.   Ein so armer Tropf,
Daß selbst sein Weib ihm täglich Prügel bietet.

SOSIA 2. Da hat er wieder Recht.

SOSIA 1.   Und eben drum
Von einem Mann der Prügel zwiefach werth. *(schlägt ihn)*.

1030   SOSIA 2. Halt ein! Was thust du, Sosia? Bedenk!
Du wüthest gegen eignes Fleisch und Blut;
So prügle doch nicht selbst den Sosia!
Wie schickt sich's, für so nahe Blutsverwandte,
Daß Feindschaft, Haß und Zwietracht sie entzweyn!
Ermahnung, Lehre, Rath, so viel du willst;
Ja Vorwürf' auch, ich habe nichts dawider:
Doch Prügel: nein, das geht zu weit, Camrad!
                    (nachdem Jener von ihm abläßt.)
Was für ein widerspenst'ger böser Kerl,
Und wie aufsätzig meinem eignen Fleisch
1040   Und Blut ich bin! Ist dieß hier nicht mein Arm?
Und dieß mein Stock? und dieß Alkmenens Haus?
Warum denn geh' ich nicht in's Haus herein?
Warum verwehr' ich selbst den Eingang mir?
Warum wohl prügl' ich selber mich hinweg?
Ich wollte, Jemand löste mir das Räthsel!

SOSIA 1. Dies löst mein Prügel dir am besten auf.

SOSIA 2. Wie kann er dieß? Er wirkt auf meinen Rücken;
Der Zweifel aber wohnt in meinem Kopf.

SOSIA 1. Narr, weißt du denn nicht, wie daß unserm Kopfe
1050   Auf gradem Weg nicht beyzukommen ist?

SOSIA 2. Nein. Sag mir nur, wie wirkt man denn auf ihn?

SOSIA 1. Nie anders, als wie durch das Gegentheil.
Sahst du denn niemals noch in den Palästern,
Wenn irgend einer von den Knaben nicht
Begreifen kann, wie viel Mal zwey Mal zwey
Und zwey Mal sieben ist, welch einen Weg
Sodann der Lehrer einzuschlagen pflegt?

SOSIA 2. Er giebt ihm vierzehn Schläg' auf seinen Hintern.

SOSIA 1. Und stracks behält der Kopf die vierzehn auch.
1060   Im Gegentheil, versieht der Hintre was?

SOSIA 2. Sogleich büßt es der Kopf mit tücht'gen Schlägen.

SOSIA 1. Da siehst du nun die Wechselwirkung klar.

SOSIA 2. Und meinst du, sie sey hier auch anzuwenden?

SOSIA 1. Warum nicht? Liegt der Fehler worin anders
      Bey dir denn, als wie darin, daß dein Kopf
      Auch nicht begreifen kann, wie viel Mal zwey Mal zwey?
      Und daß Amphitryon, mein Herr, wie ich und du,
      Verschieden je — und zwey Personen sind?

SOSIA 2. Da hast du Recht, bey'm Jupiter! Verhilf
1070   Mir schleunig denn zu dieser Ueberzeugung!

SOSIA 1. Recht gern. Stell' dich nur hier an diesen Pfeiler!
      So. Eins — Zwey — Drey. — Wie steht's, verspürst du schon,
      Daß dir der Zweifel aus dem Kopfe weicht?

SOSIA 2. Noch nicht. Mich dünkt, er sitzt im Wams hier fest.

SOSIA 1. Da ist kein Rath, als dieses abzulegen.

SOSIA 2. *(nachdem er es von sich geworfen, und ihm Jener auf's Neue
      einige Schläge gegeben).*
      O weh! o weh!

SOSIA 1.   Was giebt's?

SOSIA 2.   Die Ueberzeugung,
      Freund, hat mich jetzo durch und durch durchdrungen.

SOSIA 1. Mach fort! Uns ist nicht Sattelhenkens Zeit:
      Uns sitzt im Haus hier drinnen noch ein Weib:
1080   Für diese bring' ich nur den Arm in frey're Schwenkung.

SOSIA 2. Wie heißt sie?

SOSIA 1.   Andria.

SOSIA 2.   Gieb her den Stock!
      Sieh, küssen könnt ich ihn für diesen Dienst,
      Den er mir zu erweisen da gedenkt!
      Das ist ein schöner, köstlicher Gedanke:

Bestärke dich doch Jupiter darin!
Daran erkenn' ich dich. Ja, Freund, du bist
Und bleibst mein trauter Bruder Sosia:
Nie wollen wir uns ohne Noth entzwey'n.
Ich geh' und such' Amphitryon nun auf:
1090   Umarme mich! Noch ein Mal! So! Leb wohl!
Somit entbietet Sosia der Zweyte
Hier Sosia dem Ersten seinen Gruß. *(ab.)*

SOSIA 1. Das ist die ehrlichste, die bravste Haut,
Die je aus Lydien zum Sclaven ward!
Wir müssen zur Vergeltung doch dafür
Ihn aus der Knechtschaft seines Weib's befreyn. —
Doch besser ist's auch wohl, Amphitryon
Im Haus, als vor der Thüre zu erwarten:
Beherzt und heftig, wie er ist, dräng' er
1100   Zu leicht hier unten mir in's Haus hinein.

*(indem er im Abgehen zu dem kerzenerleuchteten Gemach
Alkmenens hinaufblickt.)*

Beglückter Jupiter! Es winken die
Gestirne dir verstohlnen Beyfall zu
Aus ihren Wolken: freue dich der Nacht!

(Ende des zweiten Acts.)

ZWEY ARLEKINE FÜR EINEN
ODER
DIE LUSTIGE HAHNREYSCHAFT

Ein altes wienerisches Faschingsspiel.
Neu bearbeitet. (1807)

MASKEN.

JUPITER. In Gestalt eines griechischen Kaufmanns.

MERKUR. In Gestalt des Arlekins.

AMPHITRUON. Ein griechischer Kaufmann, der die Leipziger Messe besucht.

ALKMENE. Seine Gemahlin.

ARLEKIN. Ihr Diener.

COLOMBINE. Dessen Frau.

Der Schauplatz ist zu Wien auf dem alten Fleischmarkt.

ERSTER AUFZUG.

ERSTER AUFTRITT.

Nacht. Platz in Wien vor Amphitruons Hause, am alten Fleischmarkt.
Jupiter, in der Kleidung eines griechischen Kaufmanns. Merkur als Arlekin.

JUPITER. Nun wohlan, mein lieber und getreuer Diener Merkur: du weißt
daß wir diese Nacht *Regensburg,* als den gewöhnlichen Sitz unsrer
nun quiescirten Regierung verlassen, und uns auf der Regenspurger Or-
dinaire, über die *Donau,* hierher nach Wien verfügt haben. —

MERKUR. Ja. Und das, um der Frau eines griechischen Kaufmanns, der *Am-*
phitruon heißt, und die Leipziger Messe besucht, in der Abwesenheit
ihres Mannes, die Visite zu machen.

JUPITER. Ganz recht! Nun sage mir auch: wie steht es mit der schönen Alkmene, bey der wir einen Theil dieser schönen Sommernacht zuzubringen
10   gedenken?

MERKUR. Grosser Gebieter Himmels und der Erden, wie's mit eurem Herzen steht, das kann ich euch auf ein Haar sagen: wie's aber mit der
schönen Alkmene steht, da müßt ihr selbst gehen, und bey ihr darum
nachfragen. Denn alleweile sind wir auf dem alten *Fleischmarkt* zu Wien,
und dahier ist das Haus wo sie wohnt!

JUPITER. Wo ist das Haus?

MERKUR. Gleich dahier Nummero 365.

JUPITER. Und hast du ihr das Schmuckkästchen in meinem Namen gebracht?

MERKUR. Ey freylich! Das ist ja dabey die Haupsache.
20   Die Schönen hier in Wien, die sind gar schwer zu rühren:
          Wer sie nicht brav beschenkt, der wird nicht reüssiren!

JUPITER. Sie hat dich also nicht erkannt?

MERKUR. Wie sollte sie? Ich hatte ja die Gestalt von ihres Mannes Bedienten, von dem Erzschelm, dem Arlekin, angenommen.

JUPITER. Und ich will ihr nun, unter der Gestalt ihres Mannes selbst, als ein griechischer Kaufmann, unter die Augen treten.

MERKUR. Thut das, grosser Jupiter! Aber ein kuriöser Einfall bleibts doch drum immer von euch, daß ihr nun bey fremden Weibern, unter der Gestalt ihres Mannes, euer Glück zu machen sucht!

30 JUPITER. Wie so?

MERKUR. Ja die schöne Alkmene muß verzweifelt tugendhaft seyn, weil, wer mit ihr eine Amour haben will, gerad so aussehen muß, wie ihr Mann. Denn bey andern Weibern, — da ist's just umgekehrt! Wenn da einer kömmt, der aussieht, wie ihr Mann, so laufen sie gleich auf hundert Schritt davon.

JUPITER. Ich gestehe dir, Merkur, eben dieses Davonlaufen ist es, was mich reizt: die Weiber hatten es mir, bey meinen bisherigen Avantüren mit ihnen, ein wenig zu leicht gemacht. Ich will sehen, ob sie durch Widerstand nicht etwas pikanter werden.

40 MERKUR. Ja so — wenn das der Grund ist, das laß ich gelten!

JUPITER. Aber sag mir, seh' ich denn nun auch wirklich aus, wie ein griechischer Kaufmann?

MERKUR. Von Kopf zu Fuß — und so als hätt' ein Schneider zu euch auf der *Funkenburg* in *Leipzig*, oder zu *Wien* vor *Ugelmanns Kaffeehaus*, das Modell genommen.

JUPITER. In der That?

MERKUR. Nun ist denn das auch ein Wunder? Und hab ich nicht Rennens und Laufens genug in der Sache gehabt? Erstlich bin ich bey unserm Theaterschneider gewesen und hab' euch ein griechisches Theaterhabit ak-
50 kurat auf euern Leib schneiden lassen. Das ist gar ein subtiler Kerl, und der sein Handwerk aus dem Fundament versteht: aber dafür hat er auch bey dem griechischen Theaterschneider Herrn N. N. in Leipzig das griechische Kostüm von Grund aus studiert! *Zweytens* hab' ich unsern Lichtputzer schon um fünf Uhr aus dem Schlaf geklopft, und ihm gesagt, daß heut in dem Stück stichdunkel seyn muß, und nur nothdürftig und so viel Licht brennen, daß die Herren Musikanten da unten im Orchester ein Paar Triller finden können. *Drittens* bin ich auch da unten im Diebsgässel bey unserm Klempner gewesen, der die Laternen macht, und hab' mir ein Paar davon bestellt, weil die halt auch in dem Stück vorkommen.

60   JUPITER. Ein jeder der drey Gänge, Sohn, ist Gold's werth!

MERKUR. Herr Vater, nun so macht nur auch Mal Anstalt! *(hält die Hand hin)*

JUPITER. Für Nummero Eins schenk' ich dir alle *Leipziger Kramladen.*

MERKUR. Die sind gut für den Schneider: der kann seine Theaterpuppen dar-
      aus anputzen! Für Nummero Zwey?

JUPITER. Da schenk' ich dir den *Brühl!*

MERKUR. Der ist gut für den Lichtputzer, der kann den Russen, die dort
      stehn, ihre Ruß'schen Lichter abkaufen, und sie auf unsern Kronleuchter
      stecken, wo so immer ein Paar zu wenig brennen. Für Nummero drey?

JUPITER. Hier ist *Auerbachs Hof* — steck' ihn ein!

70   MERKUR. Das ist ein schön Präsent für den Klempner! der kann Alles, was
      von *Gold*, Edelsteinen und Juwelen da anzutreffen ist, Nachts mit seinem
      Besen, beym Schein der Laternen zusammenkehren, wenn es ihm etwa bey
      Tag die Herrn Kaufleute nicht erlauben sollten! Nun das muß ich sagen:
      so lang' die Welt und's Theater steht, ist wohl noch kein *Schneider*, kein
      Lichtputzer, und kein *Klempner* so schenerös belohnt worden!
      Drum schweig' ich lieber von den andern Nummern
      Und mäß'ge meinen Witz —

JUPITER.   Wie so?

MERKUR.   Ihr fragt?
      Der halbe Leipz'ger Jahrmarkt ist ja schon in meiner Tasche:
      Herr Vater, wenn ich euch durch Witz noch länger überrasche:
80   So machten ja, und das verhüte Gott,
      Die Leipz'ger Herren Kaufleut' All Bankrott!
      Nun wenn nur sonst alles gut für uns abläuft!

JUPITER. Was fürchtest du, Merkur?

MERKUR. Ich fürchte, daß der rechte Herr dieses Hauses, als nämlich der
      griechische Kaufmann, mit seinem Diener, dem Arlekin, auch noch diese
      Nacht hier eintrift, und daß es alsdann halt darauf ankömmt, wer von
      uns beyden der Erste bey Tisch und im Bett seyn wird.

JUPITER. Ich will lieber gleich vorweg von meinem Platz Besitz nehmen!

MERKUR *(der ihn zurückhält).* Ey bey Leib nicht! Nur nicht so in der ersten
90   Hitz' weg, Herr Jupiter! Ihr könntet euch ja einen Schaden thun.

JUPITER. Das verstehst du nicht. Laß mich! du siehst, es ist hier keine Zeit zu
      verlieren! Gieb nur Acht, daß niemand indeß in's Haus kommt! *(ab)*

MERKUR. Sorgt nicht! Wenn der rechte Amphitruon und der rechte Arlekin
sich hier zeigt, will ich sie schon abfertigen: verlaßt euch darauf! doch sieh!
Ist das nicht schon der Schelm, der Arlekin, der dort mit der Laterne in
der Hand auf mich zukömmt? Wie das Sprichwort sagt: wenn man den
Wolf nennt, so kommt er gerennt! Der ist auch in *Leipzig* auf der Messe
gewesen, und hält nun hier in *Wien* erst Zahlwoche! Nun komm nur,
komm! I will dir deinen Redingot schon ausklopfen!

ZWEYTER AUFTRITT.

Merkur, der etwas zurück tritt. Arlekin mit ausgelöschter Laterne.

ARLEKIN.

100   O drey Mal doch beklagenswerth,
    Ein Kaufmann, der auf *Leipzig* fährt,
    Und der zur Meß mit seinen Waaren,
    Kommt über Naumburg angefahren!
Denn was das bey *Kösen* und *Naumburg* für Wege sind: das weiß halt
niemand, als der sie, so wie ich, passirt hat: dieß Mal ist's aber doch nicht
so schlimm gewesen, wie andre Jahre, und wie d'vorige *Jubilatimesse*. Das
macht: 's ist halt ein Fuhrmann, mit drey Pferden, bey Kloster *Schul-
pforten* liegen geblieben, über die der Weg nun fortgeht: so daß d' Chaus-
see wieder ihren Grund hat! Ey nun, wenn d' Pferd halt d' Weg ver
110 derben: so können sie sie auch schon wieder ein Mal ä' Bissel auf ihre
Kosten ausbessern! Aber was wahr ist, ist wahr! Kein geplagteres Thier
muß doch in der Welt seyn, als ein Diener, der einen bösen Herrn hat! Da
hat mich nun der meinige, bloß, weil es ihm so einfällt, und mitten in der
Nacht, zu seiner Frau geschickt: — dieß wär nun zwar so übel nicht, denn
die Frau ist ganz hübsch und gäb Mancher viel darum, die Nacht zu einer
hübschen Frau zu gehen: aber mein Herr hat gesagt, in einem kleinen
Seigerstündchen wollt' er selbst nachkommen, — und das ist eben das
Malhör! Nun was hilft's? Ein Mal muß ich schon in einen sauren Apfel
beißen, und weil's da nichts ist, meiner lieben kleinen Colombine die Visite
120 machen. Doch sieh, da ist die Thür, — I will nur gleich Mal die Faust
laden, und anklopfen, und nachher das Schmuckkästchen, wie mein Herr
mir befohlen hat, abgeben. *(klopft)*

MERKUR. Wer da, wer?

ARLEKIN. Behüt uns Gott, das ist ja ein Kerl, der eine Stimme am Leib hat,
wie ein Bär!

MERKUR. Wer?

ARLEKIN. Bär!

MERKUR *(der ihn am Kragen packt)*. Steh Spitzbube!

ARLEKIN *(indem er Seiner in der Nähe und beym Schein der Laterne ansichtig wird)*. Alle gute Geister! Was seh ich? Guter Freund, wer bist du?

130 MERKUR. Ich bin kein guter Freund!

ARLEKIN. Nun bist du denn der böse Feind?

MERKUR. Das auch nicht: ich bin hier im Hause angestellt.

ARLEKIN. Nun schau, und ich bin an die Thür gestellt, da sind wir ja alle beyde angestellt.

MERKUR. Ich bin der Hausknecht!

ARLEKIN. Ich auch!

MERKUR. Ich bin der Arlekin!

ARLEKIN. Ich auch!

MERKUR. Du bist ein Narr!

140 ARLEKIN. Du auch! So nun haben wir alle beyde unsern Respekt!

MERKUR. Halt's Maul!

ARLEKIN. Nun schau, das ist doch gar kuriös in der Welt, da will nun gar ein Arlekin dem andern das Maul verbieten!

MERKUR. Arlekin, und immer Arlekin; du solt wissen: „Ich leide keinen Narr'n hier, der mit mir den gleichen Namen führt!"

ARLEKIN. Schau — aber Ich!

MERKUR. Wer bist du?

ARLEKIN. Ich hab dir halt schon g'sagt — Ich bin der Arlekin.

MERKUR. Das kann nicht seyn, — denn ich bin auch der Arlekin!

150 ARLEKIN. Schau, da gibt's ja gar zwey Arlekine für einen in der Welt!

MERKUR. Nun wer der rechte ist: das wollen wir bald erfahren!

ARLEKIN. Wie heißt dein Herr?

MERKUR. Amphitruon.

ARLEKIN. Und was ist er?

MERKUR. Ein griechischer Kaufmann.

ARLEKIN. Wo hielt er sich die lezte Zeit auf?

MERKUR. Zu *Leipzig*.

ARLEKIN. Und was hat er daselbst gekauft?

MERKUR. Ein Schmuckkästchen.

160 ARLEKIN. Wo?

MERKUR. In Auerbachs Hofe.

ARLEKIN. Für wen?

MERKUR. Für seine Frau.

ARLEKIN. Und durch wen hat er es ihr zugeschickt?

MERKUR. Durch mich, durch seinen Diener den Arlekin.

ARLEKIN. Schau, schau! der Kerl weiß alles, was meinem Herrn arrivirt ist:
nun will ich ihm doch auch über einen und den andern Punkt, der mich
betrift, auf den Zahn fühlen.

MERKUR. Frag! ich will dir antworten.

170 ARLEKIN. Was hab' ich auf der ersten Stazion vor *Wien* gemacht?

MERKUR. Gegessen.

ARLEKIN. Auf der zweyten?

MERKUR. Getrunken.

ARLEKIN. Und auf der dritten?

MERKUR. Da bist du jezt — und da wirst du geprügelt.
(Indem er Anstalt ihn zu prügeln macht.)

ARLEKIN. Pfuy, pfuy! Biß doch nicht so kapriciös, Kamrad! Wir können ja
noch eine Zeitlang unsere Conversation im Guten fortsetzen!

MERKUR. Nun meinetwegen, mit der Bedingung, daß du mich nicht mehr du nennst!

180 ARLEKIN. Schau, schau! 's ist doch gar grausam, was den Leuten heut zu Tag für ein Hochmuth in den Kopf fährt! Seit wenn ist's denn ein Modi unter den Leuten, daß ein Arlekin den andern per Sie und per Gnaden titulirt?

MERKUR. O Narr, das ist ein Modi, das in *Wien* so alt ist, wie die Welt steht! —

ARLEKIN. Nun wenn das ist — so will ich mich halt auch darein fügen. *(Mit vielen Krazfüssen und Reverenzen)* Ewr. Gnaden. —

MERKUR *(der sich in die Brust wirft)*. Was schaffen'S?

ARLEKIN.
Sind Ewr. Gnaden — und Sie sinds fürwahr —
Vom Arlekin das einige, alleinige und rar,
190 Rein, fein und unverfälschte Exemplar,
Und nicht bloß so ein schlechter und *Reutlinger* Nachdruck:
So seyd's so gut, macht mich davon auch klug!

MERKUR. Wie kann ich das?

ARLEKIN.
Gebt mir von meiner Reis' ein Tagebuch!
Was ich gegessen, Speck und Kohl,
Plinz' und Linsen, bemerkt es wohl:
Wollet mir aller Wirthshäuser und Schenken,
Aller gebacknen Hähndel und Schinken,
Von *Prag,* von *Wien* und *Böhmen* gedenken!
200 So auch jeglicher Station,
Wo ich gewesen in Person;
Wo kein Wort deutsch spricht der Postillion;
Wo die mehrsten Juden; die wenigsten Flohn;
Aller Garküchen, worinn nichts gar;
Vor Rauchs der Menge kein Fenster klar;
Des Schreyens: „Was schaffen Sr. Gnaden?" nicht rar,
Und an allem Uebrigen Mangel vollauf war.

MERKUR. Ey was! Solch ein Detail mit deinen Standquartieren,
Das würde viel zu weit von unserm Zweck uns führen.

210 ARLEKIN. Nun was ist denn halt so euer Zweck?

MERKUR. Dich nach Herzenslust abzubläuen. *(prügelt ihn)*

ARLEKIN. Und weißt du wohl, daß du ein grober ungeschliffener Kerl bist, he? und daß ich das hier vor unserm Hause nicht leiden werde, daß du mich so durchprügelst.

MERKUR. Nun wenn du es nur anderswo leidest: das gilt mir alles gleich, wenn du nur geprügelt wirst.
(drängt ihn in die Ecke gegenüber und prügelt auf's neue auf ihn los)

ARLEKIN. O weh, o weh! Aber so sagt mir nur, wenn ich denn nicht der Arlekin seyn soll, wer bin ich denn sonst?

MERKUR. Sey wer du willst; nur komm mir nicht in mein Gehäge.

220 ARLEKIN. O du verwegner Schelm! Aber wart, jezt will ich gleich meinen Herrn daher holen, der soll zwischen uns beyden Schiedsrichter seyn. Das ist noch der einzige Weg, wie sich die Sach halt zwischen uns beyden in's Gleichgewicht bringen läßt. *(Arlekin ab)*

COLOMBINE *(die im Hause ruft).* Hans, Hans!

MERKUR. Das ist Colombine, die Frau des Arlekin. Vermuthlich hat sie von ihres Mannes Ankunft gehört, und ich wette, daß sie ihm nun mit einem zärtlichen Bewillkommungskompliment entgegenkömmt! Eine verzweifelte Situation! Sie ist schon eine etwas bejahrte Person und dabey entsezlich verliebten Temperaments. Nun ich muß schon sehen, wenn sie mich
230 etwa für ihren Mann hält — und gewiß wird sie das — wie ich sie mir samt ihrer Zärtlichkeit vom Halse schaffe.

COLOMBINE *(von drinnen).* Hans, lieber Hans!

MERKUR. Sie kömmt! Nun Himmel steh mir bey!

COLOMBINE. Wo ist er denn? Ich habe doch seine Stimme gehört!

MERKUR. Und was für eine zärtliche Ungeduld sich ihrer bemeistert hat! Ich glaube wahrhaftig, sie kann es gar nicht abwarten, bis ich zu ihr in's Haus komme.

DRITTER AUFTRITT.

Merkur. Colombine.

COLOMBINE *(die vor die Thür tritt).* Bist du da, lieber Hans? Sey mir tausend Mal willkommen! Nun, gibst du mir kein Mäulchen, mein Schatz?

240 MERKUR *(für sich)*. Geh zum Henker, alte Papagena!

COLOMBINE. Noch eins, mein Schatz!

MERKUR. Was will ich machen.

COLOMBINE. Und wieder eins! Aller guten Dinge sind drey!

MERKUR *(für sich)*. Ey so wollt' ich doch, daß sogleich die Löwen des Sarastro kämen und dir, statt meiner, ein Mäulchen geben!

COLOMBINE. Was sprichst du da? Gibst du mir keine Antwort? Warum bist du denn in deinem Liebeswesen heute so kalt? Wie geht das zu? Du bist doch nicht krank, mein Schatz?

250 MERKUR *(verdrüßlich)*. Nein, nein, nein! Was frägst du so viel? du siehst ja, ich bin so frisch, wie ein Karpfen aus der *Theiss*.

COLOMBINE. Nun schau, da haben die Leut' in Wien doch halt ein Mal wieder recht was zusammen gelogen!

MERKUR. Wie so? War denn ein bös' Gerücht von mir hier eingegangen?

COLOMBINE. Ja wohl! Schon zwey Mal sagten sie, du seyst gehangen!

MERKUR. Die Lästermäuler!

COLOMBINE. Aber ich freute mich auch recht, als ich hörte —

MERKUR. Daß ich gehangen war?

COLOMBINE. Beyleibe! daß du wieder gesund und frisch hier angekommen wärst.

260 MERKUR. Ja so. Mir haben sie auch allerley Dinge von dir in den Kopf gesezt.

COLOMBINE. Und was denn so zum Beyspiel?

MERKUR. Da haben sie mir halt gesagt, als ob von den sechs Liebespfändern, womit du mich beschenkt hast, auch kein einziges mein wäre.

COLOMBINE. O die gottlosen Leute! wo? wer? wann hat man dir das gesagt?

MERKUR. Beruhige dich, mein liebes Kind! Ich weiß, daß ein braver Mann von solchen Dingen immer auch nur die Hälfte glauben muß.

COLOMBINE. Wie was die Hälfte? du Schelm? Kein Wort davon sollst du glauben: ich bin immer ein ehr- und tugendsames Frauenzimmer gewesen:

270 aber zu meiner Strafe habe ich nun einen Mann heirathen müßen, der das nicht erkennt, was er an mir hat. Hi, hi, hi! *(weint)* Hätte ich es doch nur auch gemacht, wie meine Mutter, die hat niemals einen Mann gehabt, die ist immer ledig geblieben! Schwäbisch *Bäberl*, schwäbisch *Bäberl!* Darum hat die Welt dir auch so wenig nachsagen können!

MERKUR. Das ist wahr, deine Mutter, das ist halt ein gescheites Schäzel gewest!

COLOMBINE. Ey du ehrenabschneidischer Mensch! Magst du auch meine Mutter im Grabe nicht ruhen lassen? Und was hast du an dieser auszusetzen?

MERKUR.

280   Am Kohlmarkt, am Graben,
    Da sprach man von *Baben,*
    Da hat sie gestanden,
    Mit guten Bekannten.

COLOMBINE.

    Das ist aber auch ein schöner Platz,
    Allda zu spazieren mit seinem Schatz:
    Da ziehen sie, wie Puppen,
    In Spensern, Saloppen:
    Da klappern die Thaler,
    Vom baaren Bezahler,
290   Dem Kaufmann zum Glücke,
    In jeder Boutike:
    Hier Morgens und Abends cassatum zu gehn,
    Das ist das schönste Vergnügen zu Wien!
    Hi, hi, hi! Wenn ich nur einen Kaufmann zum Bekannten hätte; so könnte ich hier auch noch cassatum gehn und mich präsentiren, so gut, wie eine andere. Aber ich weiß halt, was ich thu!
    Ich will ins Haus, ich will es meinem Herren klagen;
    Ich weiß gewiß, er wird den Dienst mir nicht versagen.
    Denn wenn auch in meiner Ehe nicht alles just ist: so bin ich doch nicht
300   allein Schuld daran. Ich will ihn also bitten, daß er dem Arlekin befiehlt, damit dieser sein loses Maul hält! *(ab)*

MERKUR. Geh nur, geh' alte Hexe! Ich bin froh, daß ich sie wieder los bin. Alle Teufel! die hat mich warm gemacht! Aber sieh, ist da nicht schon wieder der Arlekin?

VIERTER AUFTRITT

Merkur und der Arlekin.

ARLEKIN *(der ganz nachdenklich auf seine Schritte zurückkommt).* Unterwegs ist mir eingefallen, daß es meinem Brüderchen, dem zweyten Arlekin, da er mir so ähnlich sieht, wohl gar beykommen könnte, sich während I abwesend bin, bey meiner Liebsten, der *Colombine,* einzuschleichen, und sich für ihren Mann auszugeben. Das wär ein verwünschter Streich! dem muß ich sehen, wie I ihm vorbeuge! Sie ist zwar nicht mehr jung, aber doch immer noch hübsch genug und dazu verliebter Complexion! — Alle Teufel, alle Teufel! Wenn I nicht dazu thue: so bin I drum! Wenn es nur nicht schon zu spät ist! Doch sieh, da ist er ja schon! Ich will doch gleich bey ihm ein wenig auf den Busch klopfen! He da, he guter Freund! habt ihr nicht etwa von Ungefähr, bey euren Visiten in diesem Haus, ein gewisses artiges, junges, scharmantes Frauenzimmer, mit Namen Colombine, kennen gelernt.

MERKUR. Wie sollte ich nicht? diese Colombine ist ja meine eheleibliche Frau.

ARLEKIN. Eure — Donner! — Seht, ich hätte halt darauf geschworen, daß Colombine die Frau des Arlekin sey!

MERKUR. Arlekin, oder ich, das ist all eins!

ARLEKIN. Den Teufel auch! Hört, guter Freund, ihr sollt wissen, daß ich in gewissen Punkten gar keinen Spaß verstehe.

MERKUR. Meinetwegen! Was geht das mich an? Und ob ein Ehmann dem andern was übel nimmt, oder nicht, das hat so viel nicht auf sich.

ARLEKIN *(bey Seite).* Das ist ein bitter böser, verwünschter Kerl! Aber ich muß nun sehen, wie ich im Guten mit ihm auskomme; denn im Bösen ist vollends gar nichts mit ihm auszurichten, weil er gleich mit dem Stocke bey der Hand ist. *(laut)* Nun so seyd ihr ja auch wohl recht zärtlich, bey eurer Ankunft, von eurer geliebten Colombine empfangen worden?

MERKUR. Das versteht sich! Sie hat mich mit ihren Liebkosungen und Küssen fast todt gemacht!

ARLEKIN. Nun und was thatet ihr, als sie euch so liebreich entgegen kam?

MERKUR. Nun! Was that ich? Bin ich denn ein Stock? Bin ich ein Stein? Mein Herz ist kein Kiesel. Es fühlte sich erweicht, und da ich mich ausser Stande sah, der Macht so vieler Reizungen, die auf mich eindrangen, Widerstand zu leisten; so —

ARLEKIN. Zum Henker mit eurem So! So ein So ist eine Zug-Brücke, worauf schon manche weibliche Tugend in die Luft geflogen ist. Nun so — so —

340 MERKUR. So wagte ich es —

ARLEKIN. Was wagtet ihr? I bitt' euch um tausend Gottes Willen; gebt meinem bekümmerten Gemüthe die Ladung auf ein Mal! was wagtet ihr?

MERKUR. Ich wagte es, so wie ich vor Colombinen stand, und ließ mich, meinem sympathetischen Gefühl gehorchend, um ihren Hals fallen.

ARLEKIN. Um ihren Hals? O ihr Götter von Krain und Thessalien! Und sie?

MERKUR. Colombine? Ey nun, der schien meine Zuneigung nicht übel zu gefallen. Sie erwiederte dieselbe auf alte Weise; sie legte ihren Kopf zärtlich auf meine Schulter; sie sah mich so verliebt und schmachtend an, wie ein Turteltäubchen. Dabey nannte sie mich einmal über das andere ihren 350 lieben, kleinen charmanten Arlekin, bis ich zulezt —

ARLEKIN. Hört auf, hört auf, nun ist genug! *(dem Hause zugekehrt)* O du verrätherische, treulose, boshafte, schnöde, nichtsnützige Creatur! O du Basilisk! du Crocodill! du Schlangenherz! Hat dich der Himmel nur dazu mit so vielen colombinischen Reizen ausgestattet, damit du ein Mannsbild nach dem andern damit in's Verderben lockest! doch ich weiß, was ich thue! Ich will halt gleich hingehen, und meinen Herrn aufsuchen, damit wenn halt ein betrübter Ehmann mit dem andern zusammen kömmt, keiner dem andern einen Vorwurf macht, sondern vielmehr ihm zur Consolation gereicht. *(ab)*

360 MERKUR. Und ich will indeß in's Haus, und auf's Dach steigen, damit, wenn beyde zurückkehren, ich eine neue Mine für sie parat halte.

Ende des ersten Aufzuges.

ZWEYTER AUFZUG.

ERSTER AUFTRITT.

Arlekin und sein Herr an der Thür des Wohnhauses.

AMPHITRUON. Was ist das für ein ungereimter Zeug, Arlekin, den du da zu Markt bringst? Pack dich fort, Kerl! Ich kann keinen solchen Narren in meinem Dienst brauchen.

ARLEKIN. Nun wenn ihr halt auch keinen Narren in eurem Dienst brauchen könnt, Herr Amphitruon, so gibt's schon noch andere Leute in *Wien*, die einen brauchen! *(will fort)*

AMPHITRUON. Wo willst du hin?

ARLEKIN. Ich will halt gehen, und mir einen andern Narren suchen, der
370   einen Herrn braucht.

AMPHITRUON. Bleib nur da, ich will dich behalten.

ARLEKIN. Nun da brauch' ich nit weit zu laufen: da bin ich schon.

AMPHITRUON. Wohlan, ich will noch ein Mal die Geduld dich anzuhören haben. Rede, Schurke! wer, sagst du, stand, als du hier ankamst, lange schon vor der Thür?

ARLEKIN. Der Arlekin.

AMPHITRUON. Und wer verwehrte dir in's Haus den Eingang?

ARLEKIN. Der Arlekin.

AMPHITRUON. Gut! Und wer jagte dich mit Prügeln fort?

380   ARLEKIN. Der Arlekin.

AMPHITRUON. Der Arlekin, der Arlekin, der Arlekin! Und was denn für ein Arlekin?

ARLEKIN. Ey nun der Arlekin im Hause!

AMPHITRUON. Was ist denn das für ein Arlekin, der Arlekin im Hause?

ARLEKIN. Der Arlekin im Hause, das ist ein andrer, wie der Arlekin vor der Hausthür!

AMPHITRUON. Und der Arlekin vor der Hausthür?

ARLEKIN. Das ist ein andrer, wie der Arlekin in dem Hause.

390 AMPHITRUON. So klug bin ich auch! Aber sage mir nur, Esel, wie denn dieser Arlekin im Hause aussieht?

ARLEKIN. Kuriose Frage! Sagt, wie seh' ich aus? *(marschirt auf und ab)*

AMPHITRUON *(ärgerlich)*. Wie ein Narr.

ARLEKIN. Nun schaut, gerad so sah auch jener aus!

AMPHITRUON. Du sagst demnach, daß dieser Arlekin dir völlig ähnlich sieht?

ARLEKIN. Wie ein Wassertropfen dem andern!

AMPHITRUON. Dieß nimmt mich Wunder, und das um so mehr, da ich hier in *Wien* nur einen Arlekin kenne, und der bist du, den ich über Nacht mit dem Schmuckkästchen aus Leipzig an meine Frau Gemahlin abgeschickt.

400 ARLEKIN. Ganz Recht! aber der Arlekin, von dem ich rede, muß noch flinker zu Fuß seyn, als ich, denn schaut, er ist halt mit dem Schmuckkästchen aus Leipzig eine volle Seigerstunde eher hier gewesen, als ich selbst gekommen bin!

AMPHITRUON. Wie? Arlekin ist mit dem Schmuckkästchen aus *Leipzig* noch eine volle Seigerstunde eher hier gewesen, als du selbst gekommen bist?

ARLEKIN. So hab' ich gesagt.

AMPHITRUON. Kerl, du bist entweder dem Narrenthurm vor dem *Schottenthor* bereits wirklich entlaufen: oder man wird dich doch nächstens dahin führen.

410 ARLEKIN. Und wenn man mich auch dorthin führt: was — Possen! — kümmert das mich? Ey, da ich schon an den Umgang mit *einem* Narren gewöhnt bin: so werd' ich ja auch wohl des Umgangs mit mehrern gewohnt werden.

AMPHITRUON. Es ist aber doch wirklich eine recht eiserne Unverschämtheit, daß ein Kerl, wie Arlekin, nun hier doppelt und in zwey Personen auftritt. — —

181

ARLEKIN.   Das sagt' ich auch,
Und protestirte ganz gewaltig dawider,
Allein was half's? Zulezt, da riß mir die Geduld;
Ich flucht', ich sprudelte, und wie ich denn
420   Ein hitz'ger Kerl Zeit all mein Lebtags war,
So nahm I einen Stock, und kriegte mich
Beym Kopf, und damit, hast du nicht gesehn,
Herr, bläut' ich mich ganz unbarmherzig ab.

AMPHITRUON.
Wer flucht' und sprudelte?

ARLEKIN.   Ihr hört ja — Ich!

AMPHITRUON.
Und wer, wer kriegte dich beym Kopf?

ARLEKIN.   Nun, ich mich selbst.

AMPHITRUON.
Und wer, wer bläute dich ganz unbarmherzig ab?

ARLEKIN.
Potz! — Red' ich denn nicht deutlich — wieder Ich! I!

AMPHITRUON. Ich, — Ich — und wieder Ich! — du hast ja soviel mit deinem
Ich zu schaffen, als ob du ein deutscher Ich-Philosoph wärest!

430   ARLEKIN. Ich bin halt auch Einer!

AMPHITRUON. Du bist Einer?

ARLEKIN. Ja — und nächstens will Ich mir ein Auditorium miethen und Vorlesungen halten.

AMPHITRUON. O Narr, worüber wolltest du wohl Vorlesungen halten?

ARLEKIN. Ey nun, über den Cornutus.

AMPHITRUON. Was ist denn das, der Cornutus?

ARLEKIN. Der Cornutus, Herr Amphitruon, das ist halt so eine Figur aus der
Logik.

AMPHITRUON. Wie lautet sie denn?

440 ARLEKIN. Was ihr nicht verloren habt, das habt ihr? Hörner habt ihr nicht
verloren: also habt ihr Hörner! Das ist der Cornutus — oder vielmehr ihr
seyd der Cornutus: und ich bin der Cornutus: aber jetzt will ich halt
gehen, über den Zaun klettern, und damit ihr ins Haus könnt, euch von
innen die Thür öffnen. *(schleunig ab)*

AMPHITRUON. Sollte der Arlekin Recht haben? Und sollte meine Frau in
meiner Abwesenheit fremden Liebesbewerbungen Gehör gegeben haben? In
einem alten Weltweisen habe ich einst das Gleichniß gelesen: wie daß ein
Frauenzimmer und eine Schnecke in den Stücken einander sehr ähnlich
sind, daß beyde unzertrennlich von ihrem Hause scheinen: in den Stücken
450 sind sie denn aber doch wieder einander sehr unähnlich, daß die Schnek-
ken ihre Hörner meist selbst tragen: die Frauenzimmer aber sich Fächer
und Handschuh gewöhnlich von ihren Männern nachtragen lassen. Doch
sieh, da ist ja der Arlekin schon wieder da! Das Mal ist es schneller mit
ihm gegangen, als ich glaubte!

ZWEYTER AUFTRITT.

Merkur, der in der Gestalt des Arlekin oben auf dem Balkon erscheint.

AMPHITRUON. Arlekin, was thust du dort oben auf dem Balkon?

MERKUR. Ich warte, bis ein Narr vorbey geht, der mich darnach frägt.

AMPHITRUON. Du Esel, seh' ich denn wie ein Narr aus?

MERKUR. Nein Narr, du siehst wie ein Esel aus.

460 AMPHITRUON. O du verwegner Bösewicht! Aber warte, für dein Lästermaul
soll dir mein Stock bald auf dem Buckel das Salarium geben. Willst du
sieh, da ist ja der Arlekin schon wieder da! Das Mal ist es schneller mit ihm
gegangen, als ich glaubte!

MERKUR. Was bedroht ihr mich? He! Ehe werden alle Ziegel vom Dache, als
nur ein einziges Haar von mir durch euch von meinem Kopfe fallen! *(Wirft
nach ihm mit Dachziegeln.)*

AMPHITRUON. O du ruchlosester aller Diener! O du Abschaum aller Wiener
Domestiken! Du unterstehst dich, sogar nach deinem Herrn mit Steinen
zu werfen.

MERKUR *(der damit fortfährt)*. Da ist halt eins für den ruchlosesten der Diener!
da ist eins für den Abschaum aller Domestiken. So — und wenn euch wie-

470 der was vorfällt, oder zu Diensten steht: so wißt ihr die ächte Schmiede,
und braucht nur anzuklopfen. *(ab vom Balkon)*

AMPHITRUON *(der wüthend die Straße auf und abgeht)*. Hölle und Tod! Was
für eine verwickelte Historie ist das! Aber ich errathe schon, ich errathe!
Meine Frau hält hier mit einem ihrer Liebhaber ein Rendez-vous. Arlekin,
die verschmizte boshafte Creatur, steht Schildwache, und ihm ist von Madame aufgetragen, daß er mich mit guter Manier expediren soll. Von dem
Arlekin nimmt mich ein solches Betragen nicht Wunder, aber Ihnen, Madame, verdenke ich es gar sehr, daß Sie sich eine solche Verletzung der
Dehors gegen mich zu Schulden kommen lassen. Denn habe ich mich nicht
480 stets gegen Sie als einen generösen und gefällig galanten Ehemann be-
wiesen? Und hat sich nicht manchmal der Fall getroffen, daß, während ich
abwesend oder im Comptoir war, zwey bis drey Ihrer Cicisbeen zum Besuch in Ihrem Zimmer gewesen sind? Ma Foi! und habe ich jemals mit
Ihnen darüber geschmollt, oder Ihnen über diese Conduite ein scheeles
Gesicht gemacht? Und nun beschimpfen Sie mich so dafür! Parbleu! Das
Sprüchwort sagt wohl recht: Undank ist der Welt Lohn! Und du, mein
saubrer Arlekin, Patience! Dir will ich das Bothenlohn auf deinem Buckel
eintränken! *(In einer anständigen Erbitterung ab)*

DRITTER AUFTRITT.

Jupiter, der in Amphitruons Gestalt, mit Alkmenen, seiner Frau,
aus dem Hause tritt.

ALKMENE. Aber gestehen Sie, mein Herr, daß der Einfall drum immer bizarr
490 bleibt, bey einer Dame von großer Welt den Liebhaber spielen zu wollen,
und sich unter der so indifferenten Gestalt ihres Mannes bey ihr aufzuführen?

JUPITER. In der That, schöne Alkmene, haben Sie es mir auch schwer genug
gemacht: und nur auf meine heiligsten Versicherungen und Schwüre, daß
ich nicht Ihr Mann, sondern ein Fremder sey, haben Sie mir einen freyen
Zutritt bey sich gestattet.

ALKMENE. Ihre eigene Schuld, mon Ami! Aber nun möcht' ich doch auch die
Ursachen wißen, die Sie zu dieser wunderlichen Maskerade bewogen haben?

JUPITER. Sie sollen sie aus meinem eignen Munde erfahren. Ich bin ein vaciren-
500 der Kaufmann aus *Frankfurt,* und als solcher weit und breit in der Welt
herum gewesen. Besonders habe ich auf meinen Reisen, unter Ihrem Ge-

schlecht, schöne Alkmene, zahlreiche und interessante Bekanntschaften gemacht. Da ich jung und zugleich sehr reich bin: so hat man mir meine
Eroberungen eben nicht sehr erschwert. Diese Leichtigkeit selbst aber, mit
der ich mir mein Vergnügen zu verschaffen wußte, erregte in mir bald
Ueberdruß und Langeweile, und aus beyden zugleich entsprang der leb-
hafte Wunsch, doch wieder ein mal eine von jenen felsenfesten Tugenden zu
finden, wie sie Anno 48 d. h. zu den Zeiten unsrer Vorväter, in Gebrauch
waren.

510 ALKMENE. Eine völlig paradoxe Idee!

JUPITER. Erlauben Sie mir, daß ich fortfahre! Von der Rolle eines Liebhabers
durfte ich mir wenig für diesen Zweck versprechen: über den Punkt hatte
ich bereits die nöthigen Erfahrungen gemacht: aber die Rolle eines Ehe-
mannes, der bey seiner eigenen Frau, die sonst gegen alle andre Männer
galant ist, den schmachtenden Seladon spielt: diese schien mir neu, und ich
versprach mir davon einen pikanten Erfolg. Ob mit Recht oder Unrecht,
schöne Alkmene, wissen Sie selbst. Denn kaum hatte ich mich Ihnen, unter
der wohlbekannten Gestalt Ihres Gemahls, genähert: so leisteten Sie mir
einen so hartnäckigen und ernsten Widerstand, daß alle Anstrengung
520 einer ersten Tugend darüber zu kurz kommen würde. Entzückt, ausser
mir vor Vergnügen, endlich am Ziel meiner Wünsche zu seyn, warf ich
mich zu Ihren Füssen, und entdeckte Ihnen alles — und nun erst, da Sie
erfuhren, daß ich nicht Ihr Mann, sondern ein Fremder sey, gefiel es Ihnen,
mein Glück — in seinem ganzen Umfange zu krönen.

ALKMENE. Und jetzt wollen Sie mich schon wieder verlassen?

JUPITER. Ein kleines Geschäft, was mich auf ein paar Augenblicke an die
Börse ruft!

ALKMENE. Kommen Sie ja bald wieder!

JUPITER. Fürchten Sie etwa, daß Ihr Herr Gemahl indeß zurückkehrt?

530 ALKMENE. Wovor sollte ich mich fürchten? ich werde Sie selbst bey ihm auf-
führen.

JUPITER. Leben Sie mit ihm auf einem solchen Fuß?

ALKMENE. Es vergehen oft drey bis vier Wochen, daß ich ihn nicht sehe. Neulich schikt' ich einmal hinunter ins Comptoir, und ließ ihn zu mir bitten.
Bald darauf kam ein Comptoir-Bedienter, und brachte mir die Nachricht,
daß er schon seit drey Wochen verreist und in Paris sey, und daß der

Schlüssel von seiner Comptoirstube hinter der Thür und im Winkel meines Boudoirs hänge.

JUPITER. Wie freue ich mich darauf, die Bekanntschaft eines so interessanten
540 Mannes zu machen!

ALKMENE. Ich versichere Sie, die Ihrige wird ihm nicht minder angenehm seyn! er liebt gute Freunde.

JUPITER. Um Verzeihung, haben Sie Kinder?

ALKMENE. Drey Mädchen.

JUPITER. Und wo sind diese?

ALKMENE. In Pension! Sie werden auf dem Lande erzogen.

JUPITER. In der Stadt würden sie auch nur der Mutter im Wege seyn!

ALKMENE. Mein Mann hat denn auch so seine kleinen Intriguen!

JUPITER. Wobey man ihm durch die Finger sieht?

550 ALKMENE. Nun freilich!

JUPITER. O was für eine schöne Sache ist es doch um Friede und Einigkeit unter den Eheleuten! Man kann jezt weit reisen, ehe man ein so zufriedenes Paar antrift!

ALKMENE. Sie haben wohl recht!

JUPITER. Philemon und Baucis!

ALKMENE. Orpheus und Eurydice!

JUPITER. Nur mit dem Unterschied, daß sich Ihr Mann um Sie aus dem Orkus zurückzubringen, sich vermuthlich nach Ihnen nicht umsehen würde!

ALKMENE. Beynahe glaube ich es selbst nicht — aber doch — ich würde ihn
560 darum bitten!

JUPITER. Um seiner recht bald wieder loß zu werden?

ALKMENE. Getroffen! — Was Ihr Scharfsinn nicht alles errathen kann!

JUPITER. Adjeu, reizende Alkmene!

ALKMENE. Adjeu, reizender Amphitruon.
   (Indem sie ihm ein paar Kußhände zuwirft, ab und ins Haus.)

VIERTER AUFTRITT.

Jupiter. Merkur.

JUPITER. Nun bin ich doch neugierig zu wissen, wie hier draussen das Aben-
theuer mit Merkur und Arlekin abgelaufen ist. He Merkur!

MERKUR *(tritt auf)*. Da bin ich, grosser Jupiter!

JUPITER. Wo steckt der Arlekin?

570 MERKUR. Er ist so eben von seinem Herrn auf das Unbarmherzigste durch-
geprügelt.

JUPITER. Der arme Schelm! Und was hat er denn verbrochen?

MERKUR. Sein Herr beschuldigte ihm: er habe vorhin vom Dach mit Steinen
nach ihm geworfen.

JUPITER. Und du warst es gewesen?

MERKUR. Ja, wie ich nicht läugne.

JUPITER. Doch sieh, kommt er dort nicht selbst?

MERKUR. Er und sein Herr!

JUPITER. Geschwind in den Winkel, Merkur, damit wir sie belauschen; denn
Amphitruon wird jetzt ohne Zweifel Alkmenen zu sprechen suchen.
(beyde ab)

FÜNFTER AUFTRITT.

Amphitruon. Arlekin, nach diesem Alkmene.
Jupiter und Merkur in den Winkel.

580 AMPHITRUON. Ja, so ists das Beste. Ich will unter ihr Fenster treten, und
sie laut bey ihrem Namen rufen. Alkmene! Alkmene!

ALKMENE *(tritt aus dem Hause)*. Wie mich dünkt, so habe ich mich hier rufen
gehört?

AMPHITRUON. Da ist sie schon! — So nun kann ich sie selbst über ihre Conduite zur Rede stellen!

ALKMENE *(die auf ihn zukömmt)*. Sind Sie wieder da, mon Ami!

AMPHITRUON. War ich Ihnen denn nicht lange genug abwesend?

ALKMENE. Mir schien es nur ein Augenblick zu seyn.

AMPHITRUON. Sie irren sich! Es ist über eilf Monate! daß ich von Wien nach
590   Leipzig verreist bin!

ALKMENE. Wenn ich mich irre: so kommt das bloß daher, weil mein Gemahl
und mein Liebhaber sich hier einander so ähnlich sehn, daß ich beyde
jeden Augenblick mit einander verwechsele.

AMPHITRUON. In der That ein unverzeihlicher Irrthum!

ALKMENE. Auch bitt ich deßhalb um Verzeihung!

AMPHITRUON. Sie haben nicht Ursach, Madam, besonders wenn, wie Sie
sagen, die Aehnlichkeit so groß ist?

ALKMENE. So groß, daß ich blos ein Kennzeichen habe, wodurch ich meinen
Gemahl und meinen Liebhaber von einander unterscheiden kann.

600   AMPHITRUON. Und dieß ist?

ALKMENE. Daß mein Liebhaber im Umgang mit mir etwas mehr seufzt.

AMPHITRUON. Ach Madam, ich seufze jezt auch!

ALKMENE. Ja, vielleicht über Ihren an der Börse gesunkenen Credit?

AMPHITRUON. Nicht doch, über Ihr verlornes gütiges Zutrauen!

ALKMENE. In der That?

AMPHITRUON. Ja, Madame, womit hab' ich es verdient, daß Sie jetzt so grausam gegen mich sind, und mir im Punkt Ihrer Liebhaber nicht mehr, wie
ehedem Confidenz machen?

ALKMENE. Ich verstehe Sie nicht!

610   AMPHITRUON. Daß Sie mich heute früh so schnöde und verächtlich von Ihrer
Thür wiesen!

ALKMENE. Ich Sie?

AMPHITRUON. Noch mehr, daß Sie sogar unserm Schelm von Bedienten, dem
Arlekin, eigens den Befehl gegeben, von dem Balkon mit Steinen nach
mir zu werfen.

ALKMENE. Sie sehen, daß ich selbst über Ihre Erzählung wie versteinert bin!

AMPHITRUON. Sie haben also keinen Antheil an dieser mechanten Expedition.

ALKMENE. Wie sollt' ich? Wann hätte ich mir auch je einen so groben Verstoß gegen die Gesetze der feinen Lebensart zu Schulden kommen lassen?

620 AMPHITRUON. Eben das war es, was mich am meisten dabey frappirte!

ALKMENE. Einen Liebhaber hab' ich bey mir gehabt: das ist wahr; aber ich bin so weit davon entfernt, Ihnen aus dieser Sache ein Geheimniß zu machen, daß ich vielmehr so eben im Begriff stand, ihn selbst bey Ihnen aufzuführen.

AMPHITRUON. Sie entzücken mich durch Ihre Offenherzigkeit!

ALKMENE. Gottlob daß doch noch alles zwischen Uns auf dem alten Fuß ist.

AMPHITRUON. Und jetzt von etwas Andern! Was machen unsre Kinder?

ALKMENE. Vor ungefähr acht Tagen hörte ich, daß Charlotte an einem Scharlachfieber gefährlich krank liege. Ich habe schon die ganze Woche zu ihr
630 hinaus auf's Land gewollt: aber das böse Wetter hat es immer nicht zugelassen.

AMPHITRUON. Um desto besser! So können wir nun die Parthie zusammen machen.

ALKMENE. Eine Partie de Plaisir wird es freylich nicht seyn!

AMPHITRUON. Die sucht man auch nicht im Ehestande, mein Schatz!

ALKMENE. Wenn nur das arme Kind nicht indeßen gestorben ist!

AMPHITRUON. Es wird ja nicht!

ALKMENE. Ja, man kann nicht wissen!

AMPHITRUON. Da hätte man ja Ihnen wohl officiellement diese Nachricht
640 zuerst mitgetheilt.

ALKMENE. Ach! Sie glauben es nicht, mein Engel, was die Leute vom Lande in solchen Aufträgen oft so entsetzlich nachlässig sind!

AMPHITRUON. Sie haben Recht! Man muß sich auf alles gefaßt halten! Apropos — Que fait-donc notre petite Diane?

ALKMENE. Bien!

AMPHITRUON. Et Kastor?

ALKMENE. Fort bien!

AMPHITRUON. Et Pollux?

ALKMENE. A merveille!

650 AMPHITRUON. Bon Dieu! was ich froh bin, doch wieder ein Mal so ganz in dem Zirkel der meinen zu seyn!

ALKMENE. Ich glaube es wohl! Aber jetzt mässigen Sie Ihre Freude; denn dort sehe ich meinen Liebhaber, der so eben auf Uns zukömmt. Wenn Sie wollen, so will ich Sie auf der Stelle mit ihm bekannt machen!

AMPHITRUON. Sie sind gar zu gütig! Es wird mir ein ungemeines Vergnügen seyn!

SECHSTER AUFTRITT.

Jupiter, Alkmene, Amphitruon (mit wechselseitigen Reverenzen).

ALKMENE. Mon mari!

JUPITER. Serviteur!

ALKMENE. Mon ami!

660 AMPHITRUON. Tres humble! *(seitwärts)* Sie hat Recht! Eine so frappante Aehnlichkeit ist mir nicht weiter vorgekommen.

ALKMENE. Schwöre mir nun!

AMPHITRUON. Was soll ich dir schwören?

ALKMENE. Daß du nie dieser Aehnlichkeit der Gestalt dich dazu bedienen willst, mir einen Betrug zu spielen, und mir Liebkosungen zu entreissen, die ihrer Natur nach bloß für einen Liebhaber bestimmt sind.

AMPHITRUON. Ich schwöre dir!

ALKMENE. So nun bist du wieder ganz Mein!

AMPHITRUON. Und ich bin wieder ganz Dein!

670   JUPITER. So sind wir alle drey Unser!

AMPHITRUON. Mais pour les enfans? —

JUPITER. Nun das versteht sich — die sind auch Unser.

(Sie umarmen sich wechselweise)

Arlekin und Merkur
(die aus den entgegen gesetzten Winkeln hervortreten).

ARLEKIN. O seltnes Muster jovialisch matrimonalischer Treue!

MERKUR. O seltnes Beyspiel infernalischer Zärtlichkeit!

JUPITER. Gut, daß du kömmst Merkur! Schon längst habe ich für dich einen Auftrag in petto. Du sollst sogleich unserm braven Freund Amphitruon eine *Million* Gulden verschaffen, um seinen gesunkenen Credit an der Börse damit wieder herzustellen!

680   MERKUR. Ich eile, grosser Jupiter, um deine Befehle auf das pünktlichste auszurichten.

(Will fort, Arlekin der ihn am Ermel zurück hält.)

ALKMENE *(erschroken)*. Was hör ich? Ihr seyd Jupiter?

JUPITER. Ja schöne Alkmene!

ALKMENE. Wenn Sie Jupiter sind, und kein Sterblicher, so mag ich auch nichts weiter mit Ihnen zu thun haben.

JUPITER. Wie so?

ALKMENE. Weil ich gewohnt bin, alle drey Wochen mit meinen Liebhabern abzuwechseln. Wenn ich nun einen Mann hätte, der nicht stürbe: so würde ich bald selbst vor Langeweile des Todes seyn!

690   JUPITER. Beruhigen Sie sich, auch ich bin, noch nie, einem geliebten Gegenstand, über vier Wochen, getreu geblieben!

ALKMENE. Das ist aber auch eine ganze Ewigkeit!

JUPITER. Nun da ließe sich ja wohl noch allenfalls eine Auskunft treffen.

ALKMENE. Ihnen zu Gefallen könnte man schon eine Woche zugeben!

JUPITER. Ihnen zu Gefallen könnte man schon eine Woche ablassen.

ALKMENE. Aber ja nicht länger!

JUPITER. Bey Leib nicht! Und jetzt lieben Freunde, denk' ich, wär es wohl
am Besten, wenn wir Uns in aller Stille, je eher je lieber in's Haus ver-
fügten! denn so angenehm auch für Uns Allerseits dieser Vorfall ist; so
ist es doch gut, wenn wir davon, so wenig wie möglich, vor der Nachbar-
700   schaft laut werden lassen! —

AMPHITRUON. Sie haben Recht! denn die bösen Zungen der Weiber —

JUPITER. Die übergegangen sind —

ALKMENE. Und der Männer —

MERKUR. Die keine Million kriegten —

JUPITER. Da steckt der Knoten! Am Ende wüßte ich nicht, wo ich alle Millio-
nen hernehmen sollte!

    (Alle mit einander, ausser Merkur und Arlekin ab und ins Haus.)

LEZTER AUFTRITT.

ARLEKIN. Fort sind sie, und mich lassen sie hier allein im Stich! *(zu Merkur)*
Wo willst denn du hin, Kammrad.

MERKUR. Hörst du denn nicht, daß ich deinem Herrn eine Million hohlen
710   soll?

ARLEKIN. Eine Million! Glück und kein Ende! Da sind wir ja auf einmal aus
aller unsrer Noth!

MERKUR. Aus was für Noth?

ARLEKIN. Ja schau, es gibt jetzt so viele Arten von Noth in Deutschland, daß
man wohl fragen kann: aus was für Noth? Da gibt's Holznoth, Wassersnoth, Dichternoth, Liebesnoth, Feuersnoth. Der *Reichsanzeiger* ist ganz
voll von Noth, und wenn man ihn liest, hat man selbst Noth, daß man
durch all die Noth hindurch kömmt.

MERKUR. Desto besser, daß nun wenigstens dein Herr glücklich von derselben
720   kurirt ist.

ARLEKIN. Ja es ist recht schenerös von deinem Herrn, daß er dem meinen so
bald geholfen hat!

MERKUR. Ey nun, dein Herr mag auch wohl diese Generosität an ihm verdient haben.

ARLEKIN. Ja womit?

MERKUR. Darauf könnte die schöne Alkmene am besten die Antwort geben.

ARLEKIN. Apropos! Habe ich denn auch nichts an dir verdient?

MERKUR. Ja, womit?

ARLEKIN. Darauf könnte die schöne Colombine am besten die Antwort geben.

730 MERKUR. Tempi passati, mon Ami! Uebrigens deine eigene Schuld, wenn du in dieser Sache mit langer Nase und mit leerem Beutel abziehst.

ARLEKIN. Wie so?

MERKUR. Anfangs, ich gesteh' es dir, daß ich ganz rasend in die Colombine verliebt war, und um ein' Amour mit ihr zu haben, es mir gerne eine halbe Million würde haben kosten lassen — In der Folge aber und als ich sah, daß du so ein erzeinfältiger Tropf warst, und dem die Eifersucht so gewaltig zu Kopf stieg —

ARLEKIN. O ich Perückenstock!

740 MERKUR. Und daß du dich bey den Visiten, die ich deiner Colombine machte, gar so ungeberdig stelltest —

ARLEKIN. O ich Gimpel aller Gimpel!

MERKUR. Als du zulezt mir rund heraus erklärtest, wie daß du in diesem Punkt keinen Spaß verstündest —

ARLEKIN. O ich originalestes Exemplar von einem Stockfisch!

MERKUR. Da freylich kam ich über mich selbst zum Nachdenken: ich überlegte nun das Ding recht; die Moralität siegte — und —

ARLEKIN. Die Moralität siegte? O Donnerschlag in Arlekins Geldbeutel! O ich armer, verlorner, unglücklicher, geschlagener Ehemann! Aber Ihr auch mit Euren verwünschten Scrupeln und Königsberger Philosophie! Ihr 750 hättet mir halt in der Sach' nicht nachgeben, Ihr hättet mir keinen Glauben beymessen sollen: das war nicht brüderlich, nicht freundschaftlich von Euch gehandelt!

MERKUR. Was hilft all das Reden? Nun ist's zu spät; zum Trost kann ich dich versichern, daß die Tugend deines Weibes so rein erprobt und so unbefleckt, wie eine Perle, erfunden ist.

ARLEKIN. Und für diese reine und unbefleckte Perle muß ich nun ein Kapital von einer halben Million, a 5 Prozent jährlicher Interessen im Stiche lassen? O ich Tölpel von einem Ehemann! Wenn ich nun gleich einen Stock, einen Prügel bey der Hand hätte, oder wenn nun Jemand aus dem *Mond*, aus der *Sonne,* oder aus den *heiligen drey Königen* käme, und ein Werk der Barmherzigkeit an mir ausübte, und mich durchprügelte! *(ans Parterr)* Nehmt mich bey'm Kopf! Werft mich in einen Fluß! Hängt mich mit den Füssen an die Conterbässe auf! Ich habe dieß und noch mehr mit meiner altväterschen Denkungsart und Dummheit verdient! *(zum Merkur und etwas besänftigter)* Aber Brüderchen, liebes bestes Herzensbrüderchen — sollte nicht noch eine Restitution in dieser Sache statt finden können? —

MERKUR. Wo denkst du hin? Nun, da Colombine weiß, daß ich nicht ihr Mann bin — Colombine ist viel zu tugendhaft!

ARLEKIN. Minos, Pluto, Aeakus und Rhadamanthus, ja, das hätte ich bald vergessen, Colombine ist tugendhaft!

MERKUR. Nun tröste dich, tröste dich, Arlekin, wer weiß, wie bald die Gelegenheit wieder kommt!

ARLEKIN. Und wenn sie wieder kömmt: so verlaß dich darauf, mein Brüderchen, werde ich sie besser, als das erste Mal zu nutzen wissen. —

Ende der lustigen Hahnreyschaft.

ANMERKUNGEN

AMPHITRUON. LUSTSPIEL IN FÜNF AUFZÜGEN
(S. 21—148)

Der vorliegende Abdruck nach J. D. Falks Amphitruon-Ausgabe von 1804 bewahrt die schwankende Orthographie und Interpunktion der Vorlage. Die Seitenangaben wurden in Klammern dazugesetzt und die Verszeilen am linken Rand durchgezählt, wobei allerdings im Original die beabsichtigte Verseinteilung nicht immer klar erkennbar ist. An notwendigen Korrekturen ergaben sich: 316 *Ohr:*]*Ohr* 352 *Lichten*]*Lichten*, 361 *Element!*]*Element* 364 *Uns*]*Und   aus!*]*aus* 429 *zergrämen,*]*zergrämen* 459 *Fest*] *Fast* 551 *SOSIA II.*] *(fehlt!)* 877 *heraus!*]*heraus?* 1594 *Herr*]*Herr,* 1618 *BYBACHIDES.*]*SOSIA I.* 2353 *Leist'*]*Leist,* 2879 *eilftausend* (so auch richtig im Taschenbuch von 1803)]*eintausend*

Vorbericht	Die Datierung des Vorberichts mit *Weimar den 8ten März 1803* ist offenbar ein Schreib- oder Druckversehen. Da Falks Fußnote von dem „um vorige Ostermesse" erschienenen ersten Teil seiner „Kleinen Abhandlungen" spricht und dieses Buch 1803 herausgekommen war, ist der Vorbericht erst 1804, im Erscheinungsjahr des „Amphitruon", niedergeschrieben worden. Der angekündigte zweite Teil der „Kleinen Abhandlungen" erschien übrigens nicht mehr.
	der Stock] Falks Bezeichnung hier wird in Grimms Wörterbuch X, 3, 42 wörtlich angeführt.
	Niais-Margites] Margites ist der Held eines Homer zugeschriebenen komischen Epos; ein dummer Tölpel (frz. niais).
1	Falk und Kleist verzichteten auf den von Plautus, Rotrou und Molière gebrachten „Prolog". Falk hatte allerdings das Molièresche Zwiegespräch zwischen Merkur und der Nacht bereits als Prolog für seinen „Prometheus", Tübingen 1803, verwendet, was den Verzicht veranlaßt haben dürfte.
86	*dennoch*] wie ein zeitgenössischer Rezensent bemerkt, wohl fehlerhaft für *demnach*.
139 - 260	3. AUFTRITT. Dieser Auftritt und die folgenden gehören zu den von Falk eingefügten Volkszenen, mit denen er die Charaktere der griechischen Komödie „für das künftige Lustspiel der Deutschen" zu erneuern suchte. In seinem „Taschenbuch für Freunde des Scherzes und der Satire" (zit. „Taschenbuch"), 7. Jahrgang, 1803, waren bereits folgende „Volksscenen aus dem Amphitryon" im Vorabdruck erschienen: I 3 - 5, 7; II 1, 3, 5, 8, 9; III 13; IV 9 - 11; V 1 - 10, 13 - 17.

197 f.   *Ich hab's ihr hundert Mal,/Und hundert Mal gesagt*] Kleist 742: „Muß ich es zehn und zehnmal wiederholen?"

272   *Zu dienen, edle Frau/ Ich hier bin Licht.*] Zerbr. Krug 326 f.: „Der Schreiber Licht,/Zu Eurer hohen Gnaden Diensten." Kleist nahm den Namen offenbar aus Falks Stück.

473 f.   *Neste/Gäste*]gleicher Reim bei Kleist 1583 f. Ebenso finden sich folgende Falksche Reime in den (sonst reimlosen!) Blankversen Kleists wieder: 602 f. *Thür/hier* (Kleist 887 f., 969 f.); 635 f. *glückt/geschickt* (2261 f.); 674 f. *Welt/hält* (598 f.); 782 f. *eingegangen/gehangen* (1002 f.); 867 f. *angezündet/empfindet* (989 f.); 1166 f. *verschweigen/eigen* (1576 f.); 1305 f. *flieht/Lied* (1578 f.); 2862 f. *ein/seyn* (377 f.); 3106 f. *Nachwelt seyn/Bedenken ein* (1005/7).

551 - 694   2. AUFZUG, 2. AUFTRITT entspricht Molière I 1,2 und Kleist I 1,2. In Falks erstem Entwurf dieser Szenen, veröffentlicht im Taschenbuch von 1802, wird die Verwandtschaft zu Molière und Kleist noch deutlicher. Wie später Kleist, verwendet Falk hier noch Blankverse. (s. S. 153 ff.)

572   *Doch sieh! das ist ja da wohl unser Haus*] Kleist 29: „Doch sieh! Da zeigt sich, denk ich, unser Haus!" (Molière: „Je voy nostre Maison")

573 f.   *Nun wird's wohl gut seyn ...*] Kleist 45: „Doch wär' es gut, wenn du die Rolle übtest?" (Molière: „Je le [mon Rôle] veux un peu repasser")

586   *Der Feind am Berg und wir im Thal*] Kleist 83 ff.: „Die Unsrigen/ ... auf einem Hügel hier;/Und dort im Thale haufenweis der Feind."

587 - 592   Die Kampfbeschreibung bei Falk erinnert an Plautus.

596   *Bratwurst*] Auch Kleists Sosias schwärmt auf sehr deutsche Art von „Bratwurst" und „frischer Wurst" (1650, 1666, 2033).

708   Im Taschenbuch von 1803 folgt der hier wohl versehentlich ausgefallene Reimvers: „Ein Starmatz, den man auf der Diel' herum läßt laufen;"

780 - 906   2. AUFZUG, 5. AUFTRITT entspricht Molière I 4 und Kleist I 5.

791   Im Taschenbuch von 1803 heißt es „... mir deine Stimme, wenn er krähte." Der Wegfall des Reimes wohl unbeabsichtigt.

1087   *Schließt Waffenstillstand denn auf sein Verlangen!*] Bei Falk noch real, bei Kleist 1958 f. in übertragenem Sinn: „Jetzt schließt mit dem Erstaunen Waffenstillstand ... und pokuliert bis morgen."

1112 - 1246   2. AUFZUG, 10. AUFTRITT entspricht Molière III 7 und Kleist III 8, sowie in den Versen 1132 - 1193 Molière I 1 und Kleist I 2.

1151   *(für sich.) Nein, mit dem Kerl ist's nicht geheuer!*] Kleist 357: „(für sich.) Hat den Kerl der Teufel —?" (Molière: „(à part.) L'y voila!")

1170 f.   *Ich merk' wohl ... ein Mal bin ich in der Welt zuviel geboren*] Kleist 368 f.: „Ich sehe ... daß du/Die ganze Portion Sosias bist,/Die man auf dieser Erde brauchen kann." Die in Molières Text eingeschobenen Kleistschen Verse 368 - 373 finden bei Molière keine Entsprechung.

1193   *so sagt mir nur, bin ich nicht Sosia, wer bin ich sonst?*]Kleist 374: „sage mir,/Da ich Sosias nicht bin, *wer* ich bin?" (Molière: „Mais si tu l'es, dy-moy qui tu veux que je sois"). Im Gegensatz zu Plautus und Falk betont Kleist den Namen auf der vorletzten Silbe.

1215 f.   *Bei unsrer Mutter in Numidien . . .*] Auch Kleists Sosias spricht 1993 f. von dem gemeinsamen mütterlichen Schoß, der sie beide geboren. Nicht bei Molière.

1220 ff.   *Pfui, schickt sich das?*] Im Taschenbuch von 1802 hieß es hier zunächst: „Ermahnungen ... so viel du willst;/Ja Vorwürf' auch, ich habe nichts dawider"; vgl. dazu Kleist 271 f.: „Dawider hab ich nichts./Schimpf-wörter mag ich leiden" (Molière: „je ne m'en fâche pas").

1229   *Tölpel, Bestie*] die gleichen Schimpfwörter in Kleists Amphitryon 126, 748, 1708 und Zerbr. Krug 1868, (Variant) 1919, 2230.

1247 - 1364   3. AUFZUG, 1. AUFTRITT entspricht Molière II 1 und Kleist II 1.

1264   *die Latern' und Prügel ausgenommen*] Kleist 300: „die Prügel ausge-nommen" (Molière: „hormis les coups").

1266 f.   *Nun gut, ich faß' noch ein Mal die Geduld . . .*] Kleist 613 f.: „Es sei. Ich.../Gewinne die Geduld mir ab ... den ganzen Hergang anzuhören". (Molière: „je veux étouffer le courroux").

1272 - 1275   Sosias' Schilderung des recht deutschen Märchenwaldes hat offensichtlich auf Kleist 9 f. und 2029/31 abgefärbt.

1281 - 1290   Böttiger machte in der Neuen Leipziger Literaturzeitung, 18. V. 1804, darauf aufmerksam, daß Falk hier ein von Eustathios mitgeteiltes Bruch-stück aus einer Komödie Menanders benutzt und dessen Hauptgedanken recht glücklich zu dem Tone seines Stücks „herabgestimmt" habe, gibt aber zu bedenken, ob nicht die ganze Tirade zu weit ausgesponnen sei und die Handlung zu lange unterbreche. In Böttigers Übersetzung lautet das Fragment:

     Gesetzt, es spräch ein Gott: „Stirb, wenn du willst,
     Doch wartet dein allhier ein andres Leben,
     Und für das neue Leben wähle dir
     Was du willst seyn: Hund, Ziege, Schaf, Mensch oder Pferd;
     Denn leben mußt du, das ist dein Geschick,
     Nur die Gestalt zu wählen steht dir frey.
     Beym Himmel, Crato, ich würd' unverhohlen sagen:
     Lass mich ein jedes Ding seyn, nur kein Mensch [...]
     Ich möcht' ein Esel lieber seyn, als was ich bin."

1325 - 1327   *Ergriff ich einen Stock...*] Fast wörtlich schon in Falks „Uhus" (Taschenbuch 1797, S. 307): „Ich griff zum Stocke,/Und eins, zwey, drey! durchbläute ich/Mich selbst ganz unbarmherziglich."

1333   *Ich weiß nicht, Herr, wie ihr mir heute vorkommt*] Zerbr. Krug Variant 2168: „Ich weiß nicht, wie du heute bist".

1337   *reißt nur die Augen sperrweit auf!*] Kleist 2191: „Reißt eure Augen auf, wie Maulwürfe!"

1350 f.   *Mir ahndet/Kein Gut's*] Zerbr. Krug 265: „Mir ahndet heut nichts Guts".

1354   *Nun sann er listig sich dies Mährchen aus*] Kleist 607: „Mir solche Mährchen schamlos aufzubürden!"

1365 - 1422   3. AUFZUG, 2. AUFTRITT entspricht Molière III 2 und Kleist III 2.

1608, 1622   *Geht, geht!*] Zerbr. Krug 82 f.: „Ach geht! Geht mir mit Eurem Mährchen".

1651   *Bei Austern wird sein Aug' nun zu Korallen*] Anleihe bei Shakespeares „Sturm": „Sein Gebein wird zu Korallen . . .", wie auch sonst Shakespearesche Einflüsse feststellbar.

1708 - 1822   3. AUFZUG, 11. AUFTRITT entspricht Molière I 3 und Kleist I 4.

1717   *Wo der Geliebte bittet, fordert Er*] Kleist 448: „. . . Noch Liebe vor dem Richter fordern kann". Nicht bei Molière.

1725 - 1728   *Versprich mir, wenn . . .*] entspricht Kleists Versen 493 - 500: „Versprich mir denn . . .", die Kleist in den Molièreschen Text eingeschoben hat.

1744   *bei Armenern oder Parthern*] Kleist 1158: „Parther oder Perser"; auch sonst bei Kleist auftretende Wendung.

1792 ff.   *Da kniet' ich hin zu Jupiters Altar . . .*] vgl. Kleist 1436 - 1442: „daß ich an seinem Altar . . . niedersänke". Nicht bei Molière.

1815   *O, ahndungsvolle Seele*] schon die zeitgenössische Kritik fühlte sich an Faust I, 3494 erinnert: „Du ahnungsvoller Engel du".

1820   *Er wird genug an dir zu lieben haben*] wiederum Reminiszenz aus Faust I, 3107: „Ich werde Zeit genug an euch zu denken haben."

1895 - 2054   4. AUFZUG, 1., 2. AUFTRITT entspricht Kleists (bei Molière fehlender) Zentralszene II 5.

1903 - 1905   *in frommer Kindlichkeit . . .*] Kleist 1434 f.: „Kann man/Ihn frömmer auch, und kindlicher, verehren?"

1906 - 1924   *Lebend'ges Wirken ist der Gottheit Kleid . . .*] Anklang an Faust I, 509: „Und wirke der Gottheit lebendiges Kleid". Falks Verse mit der pantheistischen Selbstdarstellung des Gottes finden sich bereits wörtlich in seinem utopischen Stück „Elektropolis oder die Sonnenstadt" im Taschenbuch von 1803, wo sie am Schluß von einer weiblichen Gottheit zu den Menschen gesprochen werden. Zweifellos hat diese pantheistische Komponente einen bestimmenden Einfluß auf Kleists Amphitryon-Konzeption gehabt, was sich bis in wörtliche Anklänge verfolgen läßt: Kleist 1421 - 1431, 2299 f.

1930	*das sich in deinem Aug' hier widerspiegelt*] Kleist 1524 f.: „Möcht' er sich selbst in einer Seele spiegeln,/Sich aus der Thräne des Entzückens wiederstrahlen".
1932	*Vermessen spielt dein Sinn mit hohen Worten*] Kleist 1363: „Was das für unerhörte Reden sind!"
1988 f.	*Wie wäre sie/Wohl des geringsten Trug's und Argwohns fähig*] Kleist 1690 f.: „Zu argen Trug ist sie so fähig just/Wie ihre Turteltaub' ".
2004	*Sein Haupt in Weihrauchwolken feurig schwankte*] Kleist 1441: „Anbetung, glüh'nd, wie Opferdampf, gen Himmel".
2045	*Alkmene, zeigt' ich mich in meiner wahren/Gestalt*] Kleist 1497: „Du sahst noch sein unsterblich Antlitz nicht,/Alkmene".
2061 - 2091	*Doch still! — Das Pförtchen knarrt...*] Im Zerbr. Krug 899 - 968 hört Ruprecht „die Gartentüre fernher knarren", erkennt im Dunkeln sein Mädchen mit einem fremden Mann, mag nicht, daß ihm der Schuft ums Haus schleicht, drückt sich sacht durch die Pforte, birgt sich in einem Strauch, um sie zu belauschen, und stürmt, als ihm Gewißheit wird, wütend hinterher. Das Falsche Vorbild ist bis in die Wortwahl wirksam.
2101 - 2135	Amphitruons Monolog erinnert deutlich an die entsprechende Grübelei Alkmenes bei Kleist 1122 - 1148.
2110	*Pries er sich, ihr Geliebter nicht zu seyn?*] Kleist 1206: „Warum stets den Geliebten nannt' er sich...?"
2129	*Eh'r will ich meine Augen zwei Mal Lügen strafen*] Kleist 1154: „Eh will ich irren in mir selbst"; vgl. auch Zerbr. Krug 906 - 910.
2136 - 2219	4. AUFZUG, 7. AUFTRITT entspricht Molière II 2 und Kleist II 2 (bis Vers 876).
2315	*Der Hitzkopf der!*] Krug Variant 2243: „Verdammter Hitzkopf, du!"
2418	*Gut, gut erinnert!*] Kleist 46: „Gut! Gut bemerkt, Sosias!"
2557	*Seyd ruhig, ruhig, Vater!*] Kleist 1574: „Sei ruhig, ruhig, ruhig!"
2569	*...noch vielleicht an's Kreuz dich schlagen*] Kleist 1808: „werth, daß man ans Kreuz ihn nag'le" (die Androhung des Kreuzes schon bei Plautus, doch nicht bei Molière).
2576	*von den Raben*] Kleist 2163: „werth, daß ihn die Raben selber fressen".
2713	*Den Wespen gleich*] Kleist 1952: „einer Wespe gleich".
2720 - 2827	5. AUFZUG, 2. AUFTRITT (2. Teil) entspricht Molière II 2 und Kleist II 2, Vers 912 - 1007.
2723 - 2729	*Mit Truggebilden meinen Sinn verwirrend...*] vgl. Kleist 921 - 928: „Ich fühle mir den Kopf benommen..."; bei Molière nichts von Alkmenes liebevoller Fürsorge!

2759 - 2763   *Es kam des holden Schlaf's gewohnte Stunde . . ./Als plötzlich . . .*] Kleist
930 - 935: „Der Abend dämmerte . . ./Als ich . . .". Das Stimmungsbild vor
Jupiters Ankunft und die antilabische Aufteilung des Dialogs (Kleist
935) nicht bei Molière, ebensowenig die ausführliche Schilderung des
Liebesmahls 2790 - 2817 (Kleist 944 - 961).

2766 f.   *du drücktest warm/Mir einen Kuß auf meine Lippen*] Kleist 813 f.: „Als
du mich heimlich auf den Nacken [!] küßtest" (Molière: „Tendrement
je vous embrassay").

2808   *Mit tausend süß erfundnen Namen mich benanntest*] Kleist 960 f.: „und
was die Lust dir sonst,/Die ausgelaßne, in den Mund dir legte".

2828 - 2840   5. AUFZUG, 3. AUFTRITT entspricht Molière III 5 und Kleist III 5.

2828   *Ihr Himmlischen!*] Kleist 2312: „Schützt mich, ihr Himmlischen!"

2835   *Vertraut euch nicht des Schwerdtes blutiger Entscheidung*] Kleist 1899:
„Nichts von des Schwerdts feigherziger Entscheidung" (Molière: L'Epée
„est un mauvais moyen d'éclaircir ce mystère").

2839 f.   *Du bist Amphitruon, und Jener ein Betrüger*] Kleist 2231 - 2234: „Hier
dieser ist Amphitryon . . ." Nur bei Falk und Kleist gibt es diese Szene,
in der sich Alkmene zwischen den beiden Amphitryons vor allem Volk
zu entscheiden hat; bei beiden ertönt der Klagruf des gekränkten Gatten:
„Alkmene!" Dazu bei Falk die reizende Parallelszene V 5 (2895 - 2912),
in der Andria im Gegensatz zur Herrin nicht den Gott, sondern den
eigenen Mann wählt.

2850   *Was seh' ich, Himmel? Zwei Amphitruonen*] Kleist 1840: „Was seh ich?
Himmel! Zwei Amphitryonen" (Molière: „Ciel! quel est ce prodige!
Quoy! deux Amphitryons . . .").

2851   Das Taschenbuch von 1803 reimt hier: „ . . . und unter Einem Dach bey-
sammen wohnen?"

2873   *Ei, was zum Henker*] Kleist 14: „Ei, hol's der Henker!"

2937 - 2966   5. AUFZUG, 7. AUFTRITT entspricht Molière III 8 und Kleist III 10.

2955   *Es prickelt mir gewaltig in den Fäusten*] Kleist 1036 f.: „Es kribbelt mir,
daß ich's/Kaum mäß'ge, dir die Augen auszukratzen".

3027   *nach Urthel und Gesetz*] Die Formel erinnert an eine Goethe-Anekdote,
die Falk im Taschenbuch von 1803, S. 173 f., erzählt: Goethe habe den
Zorn seines Fürsten über ein eigenmächtig von ihm geschlossenes Fenster
zu beschwichtigen verstanden, indem er sagte: „Ewr. Durchlaucht haben
über Dero Unterthanen das Recht über Leben und Tod — aber mit ihrer
gütigen Erlaubnis — nach Urthel und Recht!" In einer abweichenden
Fassung ist die Anekdote aus Falks Goethe-Büchlein, Leipzig 1832, bekannt (Biedermann, Goethes Gespräche, I, 1909, S. 263), wo Goethe
sagt: „Über mich ergehe Urtheil und Spruch!" Offenbar ist die Lesart
des Taschenbuches die ursprüngliche und echte.

3059 - 3093   5. AUFZUG, 11. AUFTRITT entspricht Molière III 5, 6 und Kleist III 5, 6.

3068 ff.   *Nun, Thraso, ist der Zeitpunkt da, mir Wort zu halten*] vgl. Kleist 2184 ff. Bei Molière bleibt Argatiphontidas die Probe auf seine Prahlereien erspart.

3092   *Wer uns zu essen giebt — Ja, ja, das ist der rechte!*] Molière: „Le véritable Amphitryon/Est l'Amphitryon, où l'on disne." Auch Kleist 1919 f. läßt sich die sprichwörtlichen Verse nicht entgehen.

3094 - 3136   5. AUFZUG, 12. AUFTRITT entspricht Molière III 11 und Kleist III 11.

3114   *Wer du auch seyst, furchtbarer Unbekannter*] Kleist 2292: „Und wer bist du, furchtbarer Geist?"

3126 f.   *... Ein überird'scher Glanz mir keinen Blick erlaubte*] Kleist 2305 f.: „soll mir/Dein Licht die Seele ewig nicht umnachten".

3128 f.   *Und ohne Abschied, ohne Lebewohl? ...*] Offensichtlich der Abschiedsszene in Goethes „Iphigenie" nachempfunden, was schon die zeitgenössische Kritik bemerkte.

3134 f.   *Beruh'ge ferner ...*] entspricht Jupiters Aufforderung bei Kleist 2347: „Doch laß sie ruhn, wenn sie dir bleiben soll!"

3199 - 3203   *ein Donnerschlag ...*] Falks Verse beruhen auf Molières Bühnenanweisung: „Jupiter annoncé par le bruit du Tonnerre, armé de son foudre, dans un nuage, sur son aigle", wie sie in der von M. A. Jolly veranstalteten Ausgabe von 1734 verzeichnet ist; doch erscheint bei Falk der Adler ohne seinen Reiter und hält selber das „Geschoß" in seinen Klauen; so auch in Kleists Bühnenanweisung vor 2310!

3232   *... Ihr nicht des Hauses schönen Frieden störte*] Kleist 873: „Den innern Frieden kannst du mir nicht stören".

PLAN UND SZENEN DER ERSTFASSUNG

(S. 149—166)

Im 6. Jahrgang von Falks „Taschenbuch für Freunde des Scherzes und der Satire", Weimar 1802, S. 29 - 170, sind uns Teile seines ersten Amphitryon-Entwurfs überliefert, und zwar der Plan des Stückes, wie er im wesentlichen später beibehalten wurde, sowie sechs Auftritte des ersten Aufzugs und acht Auftritte des zweiten Aufzugs. Wir geben hier nur die Szenen wieder, die sich mit Kleists Stück berühren. Der Text unterscheidet sich zum Teil stark von den späteren Versen; er ist geformter, knapper und durchweg in Blankversen verfaßt, wie sie später auch Kleist verwandte. Überhaupt ergibt sich aus einigen unscheinbaren Indizien, daß Kleist auch diese Fassung des Falkschen Stückes gekannt haben muß.

2. AUFZUG, 1. AUFTRITT entspricht Amphitruon II 2 (Molière I 1, 2, Kleist I 1, 2).

500   *Holla, wer geht da?*] Kleist 1: „Heda! Wer schleicht da? Holla!" (Molière: „Que va là? Heu!")

501   *es ist nur meines Fußtritts Schall*] Kleist 10: „Jedweder Schall hier heult in dem Gebirge" (fehlt bei Molière).

559   *Nun noch einmal den Auftrag überlegt*] Kleist 32: „Jetzt, Freund, mußt du an deinen Auftrag denken" (Molière: „Il me faudroit, pour l'Ambassade,/Quelque Discours premedité").

561   *Schleicht da nicht Jemand um die Thür*] Kleist 123: „Da schleicht ein Strauchdieb um das Haus" (Molière: „Je voy devant nostre Maison/Certain Homme").

4. AUFTRITT entspricht Amphitruon II 5 (Molière I 4, Kleist I 5).

757 f.   *Indeß er kühn die Welt entvölkert: sucht/Ein Andrer ihm daheim das Haus zu mehren*] Kleist 581 f.: „Den Mann vielmehr beneid ich, dem ein Freund/Den Sold der Ehe vorschießt..." (nicht bei Molière).

795   *Ich weiß nicht, was die Hand zurück mir hält*] Kleist 1035: „Wenn ich nur wüßte, was die Hände mir/Gebunden hält" (Molière: „Je ne sçay qui me tient").

8. AUFTRITT entspricht Amphitruon II 10 (Molière III 7, Kleist III 8).

991   *In deines Herrn Gezelt*] Kleist 358: „im Winkel des Gezeltes" (Molière: „dans nos Tentes").

1032   *So prügle doch nicht selbst den Sosia*] Kleist 1972: „Wer wollte immer bitterlich/Erpicht sein, auf sich selber loszuschlagen?"

1036   *ich habe nichts dawider*] Kleist 271: „Dawider hab ich nichts" (Molière: „je ne m'en fâche pas").

1078   *Uns ist nicht Sattelhenkens Zeit*] Kleist 27 f.: „Doch hätte das nicht Zeit gehabt bis morgen,/ Will ich ein Pferd sein, ein gesatteltes!" (nicht bei Molière).

1093   *Das ist die ehrlichste, die bravste Haut*] Kleist, Zerbr. Krug 120: „Sonst eine ehrliche Haut".

DIE LUSTIGE HAHNREYSCHAFT

(S. 167—194)

Gegenüber der Vorlage in Falks „Grotesken, Satyren und Naivitäten auf das Jahr 1807", Tübingen, Cottasche Buchhdl., S. 29—102, ergaben sich folgende Korrekturen:

ERSTER AUFZUG.](fehlt!) 36 *Davonlaufen*]*davon laufen* 58 *macht,*]*macht* 81 *Herren*] *Herrn* 120 *machen.*]*machen* vor 129 *indem*]*Indem* 145 *führt!"*]*führt!* 202 *deutsch*] *deutscht* 231 *Zärtlichkeit*]*Zärtlichheit* 343 *stand,*]*stand* 366 *Amphitruon*]*Amphisruon* 557 *Ihr*]*ihr Sie*]*sie* 558 *Ihnen*]*ihnen* 562 *Ihr*]*ihr* vor 580 *Arlekin,*]*Arlekin* 586 *Sie*]*sie* 587 *Ihnen*]*ihnen* 596 *Sie*]*sie* 603 *Ihren*]*ihren* 604 *doch,*]*doch Ihr*]*ihr* 607 *Ihrer*]*ihrer* 614 *den*]*dem* 623 *ihn*]*Ihn* 652 *Ihre*]*ihre* nach 656 *SECHSTER*]*DRITTER* 689 *Sie*]*sie* 743 *verstündest*]*verstündest.* 749 *Euren*]*euren Scrupeln*]*Scrupelu Königsberger*]*Köngisberger* 750 *Ihr*]*ihr*

3 f.	*Regenspurger Ordinaire*] der reguläre Postkurs.
14	*Alter Fleischmarkt*] Gasse in Wien, die noch heute „Fleischmarkt" heißt.
27 ff.	*kuriöser Einfall*] vgl. Falks „Amphitruon" 49 ff.
44	*Funkenburg, Ugelmanns Kaffeehaus*] populäre Lokalitäten in Leipzig und Wien.
65	*Brühl*] berühmte Leipziger Geschäftsstraße.
66 f.	*Russen*] Neben den griechischen Kaufleuten mit ihren „ansehnlichen Gestalten und würdigen Kleidungen" bevölkerten an Ausländern vor allem Polen und Russen die Leipziger Messe, wie Goethe in „Dichtung und Wahrheit", 6. Buch, berichtet. *Ruß'sche Lichter* wohl Wortspiel mit „Ruß".
69	*Auerbachs Hof*] Kaufmannshaus in der Grimmaischen Straße, Sammelplatz des Neuesten und Schönsten, was auf die Leipziger Messe kam.
76 - 81	*Drum schweig' ich lieber ...*] entspricht wörtlich „Amphitruon" 534 ff.
98	*Zahlwoche*] der letzte Teil einer Messe.
99	*Redingot*] engl. „riding coat", Mantel mit aufgeschlagenen Schößen.
106	*Jubilatimesse*] Frühjahrsmesse (Jubilate = 3. Sonntag nach Ostern), im Gegensatz zur Michaelis- oder Herbstmesse.
111	*Kein geplagteres Thier ...*] vgl. Falks „Amphitruon" 1308 f.
117	*Seigerstündchen*] Seiger = md. Uhr, nach Adelung nur in der gemeinen Sprechart Obersachsens üblich; „Seigerstunde" aber auch bei Kleist (Marquise von O..., Werke II, S. 136)!

187   *Was schaffen'S?*] österr. „Was befehlen Sie?"

191   *Reutlinger Nachdruck*] In Reutlingen saßen bekannte Nachdruckverlage wie Fleischauer und die J. J. Mäckensche Buchhandlung; auch die billigen anonymen Volksbücher für die Jahrmärkte wurden dort gedruckt.

196   *Plinz'*] Plinzen oder Plinsen, eierkuchenartiges Gebäck.

212   *ungeschliffener Kerl*] vgl. Kleists „Amphitryon" 1722: „ungeschliffner Riegel".

239   *Mäulchen*] wie lat. osculum = Kuß.

240, 244   *Pagagena, Löwen des Sarastro*] Gestalten aus Mozarts „Zauberflöte" (1791).

253 f.   *War denn ein bös' Gerücht von mir hier eingegangen ...*] Das Verspaar entspricht wörtlich Falks „Amphitruon" 782 f.

292   *cassatum gehn*] „gassatum ire" (makkaronisches Studentenlatein); „gassatim gehn", im Wiener Volksstück auch: „Kasematten gehn" = auf den Gassen herumschwärmen.

312   *so bin I drum*] „so habe ich verspielt".

314   *Ich will doch gleich bey ihm ein wenig auf den Busch klopfen*] In Kleists „Amphitryon" 1014: „Ich muß ein wenig auf den Strauch ihr klopfen" für Molières schlichtes: „je m'en veux, tout doux, éclaircir avec elle"!

323   *in gewissen Punkten*] Kleists „Amphitryon" 1018: „den Punkt, den kitzlichen".

406   *Narrenthurm vor dem Schottenthor*] Der von Joseph II. als Irrenanstalt errichtete Turm, das „runde Haus", wird in Wiener Volksstücken gern zitiert.

417 - 427   Die Verse stammen wörtlich aus Falks „Amphitruon" 1320 - 1330; dort auch die richtige Lesart „gewaltiglich" statt des verswidrigen „gewaltig".

429   *ein deutscher Ich-Philosoph*] Die Anspielung auf Fichtes „Wissenschaftslehre" von 1794 schon in Falks „Uhus" (Taschenbuch von 1797, S. 306): „Mein Nicht-Ich log mir in's Gesicht,/Als sey ich Euer Diener nicht;/Es sey das r e i n e Ich allein,/Und ich, ich müßte Nicht-Ich seyn."

464   *nur ein einziges Haar von mir*] Bibelzitat nach Lukas 21, 18.

508   *Anno 48*] Im Jahre 1748 war durch den Frieden von Aachen der österreichische Erbfolgekrieg beendigt und die „gute alte Zeit" eingeleitet worden.

515   *Seladon*] Céladon, schmachtender Liebhaber im Schäferroman „L'Astrée" von d'Urfé (1607 ff.).

702   *übergegangen*] für „übergangen"; vgl. Kleist „untergeschlagen", „übergefahrne" usw. (Werke II 49, 8; 266, 22).

716   *Reichsanzeiger*] seit 1793 in Gotha erscheinendes Anzeigenblatt, wurde 1807 in „Allgemeiner Anzeiger der Deutschen" umbenannt.

749   *Königsberger Philosophie*] Schon Falks Taschenbuch von 1797 war mit „einem saubern Conterfey auf die Kantische Philosophie" erschienen.

757   *Interessen*] = Zinsen.

759 f.   *Mond, Sonne*] natürlich Wirtshausnamen, ebenso wie die „Heiligen drey Könige".

763   *Conterbässe*] die großen Baßgeigen im Theaterorchester.

769   *Minos, Pluto, Aeakus, Rhadamanthys* (!)] Gestalten der griechischen Mythologie.

Zuvor sind erschienen:

Heinrich von Kleist
Vier Reden zu seinem Gedächtnis

von Wilhelm Emrich, Karl Ludwig Schneider, Emil Staiger, Benno von Wiese

> Jahresgabe der Heinrich-von-Kleist-Gesellschaft 1962
> *2. Auflage, 74 Seiten, Gr.-8°, Ganzleinen DM 11,80*

Heinrich von Kleist · Prinz Friedrich von Homburg
Ein Schauspiel

Nach der Heidelberger Handschrift herausgegeben
von Richard Samuel unter Mitwirkung von D. Coverlid

> Jahresgabe der Heinrich-von-Kleist-Gesellschaft 1963
> *248 Seiten, 3 Bildtafeln, Gr.-8°, Ganzleinen mit Schutzumschlag DM 34,—*

Kleist und die Gesellschaft
Eine Diskussion

Mit Beiträgen von Eckehard Catholy, Karl Otto Conrady, Heinz Ide, Walter Müller-Seidel

> Jahresgabe der Heinrich-von-Kleist-Gesellschaft 1964
> *98 Seiten, Gr.-8°, Ganzleinen mit Schutzumschlag DM 16,80*

Kleists Aufsatz über das Marionettentheater
Studien und Interpretationen

Mit einem Nachwort herausgegeben von Helmut Sembdner
mit Beiträgen von Paul Böckmann, Elena Dabcovich, Hanna Hellmann, Clemens Heselhaus, Josef Kunz, Herbert Plügge, Lawrence Ryan, Helmut Sembdner, Walter Silz, Jacob Steiner, Benno von Wiese

> Jahresgabe der Heinrich-von-Kleist-Gesellschaft 1965/66
> *226 Seiten, Gr.-8°, Ganzleinen mit Schutzumschlag DM 28,—*

Der Kleist-Preis 1911—1932
Eine Dokumentation

Herausgegeben von Helmut Sembdner

> Jahresgabe der Heinrich-von-Kleist-Gesellschaft 1967
> *150 Seiten, Gr.-8°, Ganzleinen mit Schutzumschlag DM 20,—*

Kleist und Frankreich

Mit Beiträgen von Claude David, Wolfgang Wittkowski, Lawrence Ryan

> Jahresgabe der Heinrich-von-Kleist-Gesellschaft 1968
> *121 Seiten, Gr.-8°, Ganzleinen mit Schutzumschlag DM 19,—*

ERICH SCHMIDT VERLAG